André M. Mello

INTELIGÊNCIA ARTIFICIAL

O QUE É, COMO FUNCIONA E O QUE NOS RESERVA O FUTURO

André M. Mello

INTELIGÊNCIA ARTIFICIAL

O QUE É, COMO FUNCIONA E O QUE NOS RESERVA O FUTURO

Full House of SPIRIT Movement
Rua Ennes Lopes Garcia, 474
(21) 9.6779-9261

Edição: André M. Mello
Revisão: André M. Mello
Diagramação: André M. Mello
Projeto gráfico: André M. Mello
Capa: André M. Mello
Impressão e acabamento:
Clube de Autores Publicações S/A

1ª Edição: Outubro de 2024

Dados Internacionais de Catalogação na Publicação (CIP)
(Câmara Brasileira do Livro, SP, Brasil)

Mello, André M.
Inteligência artificial : o que é, como funciona e o que nos reserva o futuro / André M. Mello. -- 1. ed. -- Itaboraí, MG : Full House of Spirit Movement, 2024.

Bibliografia.
ISBN 978-65-985301-0-5

1. Cultura digital 2. Inteligência artificial 3. Inteligência artificial - Aspectos sociais 4. Inteligência artificial - Inovações tecnológicas 5. Tecnologia 6. Transformação digital I. Título.

24-235704 CDD-303.483

Índices para catálogo sistemático:

1. Inteligência artificial : Sociologia 303.483

Aline Graziele Benitez - Bibliotecária - CRB-1/3129

SUMÁRIO

PREFÁCIO....................................7

CAPITULO 1
Introdução à Inteligência Artificial.......9

Definição e Importância da IA..................11
A Crescente Importância da IA no Mundo Moderno.12
Breve História da IA...........................14
Exemplos de IA em nosso cotidiano.............18

CAPITULO 2
Fundamentos Técnicos.......................27

O que são ALGORITIMOS?.........................29
Entendendo a Estrutura de Dados...............34
Modelos Matemáticos e Estatísticos............38
Redes Neurais Artificiais.....................41
Processamento de Linguagem Natural (NLP)......46
Treinamento e Validação de Modelos............49
Recursos Computacionais.......................53
Engenharia de Características.................58
Técnicas de Regularização.....................61

CAPITULO 3
Aplicações da IA (*AI*).......................67

CAPITULO 4
Desafios e Limitações.......................81

Inteligências Artificiais Existentes..........83

CAPITULO 5
Interação Humano-IA..........................89
Como a IA Pode Influenciar Nossas Decisões.....91
CAPITULO 6
O Futuro da IA...............................95
Tendências e Inovações Esperadas.............97
O Papel da IA na Sociedade...................99
CAPITULO 7
Regulação e Governança......................101
A Importância de Regulamentar a IA..........103
Exemplos de Políticas em Diferentes Países...107
CAPITULO 8
Educação e Conscientização..................109
Como Educar sobre IA........................111
Importância da Alfabetização Digital........114
CAPITULO 9
Reflexões Finais............................117
Responsabilidades no Desenvolvimento de IA...119
IA como Assistente Criativo.................120
IA como ferramenta, não substituto..........122
Segurança e Privacidade no Uso de IA........125
Conclusão...................................127
BIBLIOGRAFIA
Referências Bibliográficas..................131

PREFÁCIO

Na tomada da revolução digital, a inteligência artificial (IA) emerge não apenas como uma via de inovação, mas como uma entidade definidora do ritmo e do caráter das mudanças em nossa sociedade.

"Inteligência Artificial: O Que É, Como Funciona e O Que Nos Reserva o Futuro" é uma exploração abrangente desse fenômeno, guiando-nos através das complexidades técnicas, aplicações práticas, dilemas éticos e possíveis futuros para a IA.

Este livro é destinado tanto aos curiosos, quanto aos profissionais dessa tecnologia que se utilizam das inúmeras possibilidades do seu emprego, oferecendo um panorama claro e acessível sem deixar de lado a profundidade técnica.

Desde suas raízes históricas, com Alan Tring e sua icônica pergunta "As máquinas podem pensar?", até as modernas redes neurais que impulsionam tudo, desde carros autônomos até algoritmos de recomendação que decidem o que assistimos e compramos.

Além de demarcar o estado atual da tecnologia, esta obra se aprofunda nos desafios éticos que a IA coloca diante de nós.

Como garantimos que a IA seja usada para o bem comum, evitando preconceitos e garantindo que a tecnologia não apenas amplie mas também questione as desigualdades sociais de acessibilidade?

Como a IA moldará o futuro do trabalho, da privacidade e da autonomia humana?

Estas são perguntas cruciais que enfrentamos coletivamente, e que este livro aborda com a seriedade e a urgência que merecem.

Através de exemplos práticos, discussões teóricas e reflexões sobre o futuro, este livro não apenas informa, mas também inspira os leitores a participar ativamente nas conversas e decisões que moldarão o impacto da IA em nosso mundo.

Como autor, meu desejo é que este livro sirva como um farol para todos aqueles que desejam entender não apenas como a IA funciona, mas como ela pode ser empregada para enriquecer e desafiar nossa compreensão do que significa "ser humano" em uma era de máquinas inteligentes.

Uma observação. O Capítulo 2 desse livro é amplamente técnico. Para os curiosos e entusiastas sugiro que deixe a leitura do mesmo por último, mas, se quiser se aprofundar no que está por trás da IA fique a vontade pois coloquei exemplos práticos que podem facilitar a compreensão.

Seja bem-vindo à discussão sobre o que a IA significa para o nosso presente e o que ela reserva para o nosso futuro. Embarque nesta jornada de descoberta e reflexão, e prepare-se para ser surpreendido, educado e inspirado.

André Mendonça Mello

CAPITULO 1

Introdução à Inteligência Artificial

Definição e Importância da IA

Inteligência artificial (IA) é um ramo da ciência da computação que visa desenvolver máquinas e sistemas capazes de realizar tarefas que, normalmente, exigiriam a inteligência e o raciocínio humano. Isso inclui uma série de atividades cognitivas, como tomar decisões complexas, resolver problemas, aprender com a experiência, reconhecer padrões, entender a linguagem humana e até interpretar sinais visuais e auditivos.

Em outras palavras, a IA faz com que computadores e programas possam imitar a forma como os seres humanos pensam, resolvem problemas e interagem com o mundo ao seu redor.

Ao longo dos últimos anos, os avanços em IA permitiram o desenvolvimento de sistemas capazes de realizar tarefas específicas de maneira altamente eficiente. Por exemplo, temos IA que pode interpretar e classificar imagens, IA que processa e entende a fala humana (como assistentes virtuais), e até IA que joga xadrez ou resolve problemas matemáticos complexos. A ideia central por trás da IA é fazer com que as máquinas "aprendam" a partir de dados, imitando de certa forma o processo de aprendizado humano.

Um exemplo simples é o machine learning, ou aprendizado de máquina, que é um subcampo da IA. Nele, os sistemas aprendem com os dados, melhorando seu desempenho ao longo do tempo sem serem explicitamente programados para cada tarefa. Isso significa que, à medida que mais informações são fornecidas, o sistema "aprende" a tomar decisões mais precisas ou a realizar tarefas de maneira mais eficaz.

A Crescente Importância da IA no Mundo Moderno

Agora que entendemos o que é IA, podemos começar a refletir sobre a sua importância no mundo atual. A IA não é apenas um conceito teórico ou tecnológico distante, ela já está presente no nosso cotidiano, muitas vezes de maneiras que sequer percebemos.

Desde quando usamos nossos smartphones até sistemas mais avançados em grandes empresas e organizações, a IA está desempenhando um papel central na forma como vivemos e trabalhamos.

Um exemplo clássico são os assistentes pessoais digitais, como a Siri, Google Assistant ou Alexa, que usamos diariamente em nossos dispositivos. Esses sistemas de IA são capazes de compreender comandos de voz, responder perguntas, fornecer sugestões personalizadas e até mesmo controlar outros dispositivos. Por trás desse funcionamento, existe uma combinação de tecnologias de IA que captam, processam e interpretam a linguagem natural, facilitando nossa interação com a tecnologia.

Além de melhorar nossa vida cotidiana, a IA tem uma importância gigantesca em áreas cruciais, como a saúde. Médicos e profissionais da saúde estão cada vez mais utilizando IA para processar grandes quantidades de dados de pacientes e realizar diagnósticos precisos de doenças. Por exemplo, há sistemas de IA que analisam exames de imagem, como ressonâncias magnéticas ou tomografias, para identificar anomalias como tumores, com uma precisão que às vezes supera a dos próprios especialistas. Esses sistemas ajudam a detectar doenças de maneira precoce, o que pode salvar vidas.

Outro exemplo está no campo da indústria e produção,

onde a IA é amplamente utilizada para melhorar a eficiência. Com sistemas de IA integrados a máquinas e fábricas, é possível automatizar processos repetitivos, reduzir desperdícios e otimizar a produção. A IA consegue prever problemas antes mesmo que eles ocorram, o que evita paradas indesejadas na produção. Assim, as empresas podem economizar tempo e recursos, além de aumentar sua produtividade.

Na educação, a IA também está abrindo novas possibilidades. Hoje, já existem plataformas educacionais que utilizam IA para adaptar o aprendizado às necessidades de cada aluno. Essas plataformas analisam o desempenho individual de cada estudante, identificam suas dificuldades e oferecem conteúdos personalizados para ajudar no desenvolvimento. Isso garante que os alunos recebam uma educação mais eficiente e voltada para suas necessidades específicas.

A segurança digital também se beneficia muito da IA. Em um mundo digitalizado, onde as ameaças cibernéticas estão em constante evolução, a IA ajuda a detectar e combater ataques de hackers em tempo real. Algoritmos de IA podem identificar padrões suspeitos de atividades online, bloqueando tentativas de invasão antes que causem danos significativos. Isso é fundamental para proteger nossos dados pessoais, transações financeiras e até sistemas governamentais.

Breve História da IA

A história da inteligência artificial (IA) é marcada por grandes momentos de descoberta, períodos de estagnação e um ressurgimento notável nas últimas décadas. O conceito de máquinas pensantes, de certa forma, sempre esteve presente na imaginação humana. No entanto, a formalização e o estudo sistemático da IA começaram a ganhar forma no século XX, impulsionados por avanços em lógica, matemática e engenharia.

Um dos primeiros grandes marcos foi a contribuição do matemático britânico Alan Turing, que, em 1950, publicou um artigo intitulado "Computing Machinery and Intelligence". Nele, Turing propôs uma questão que se tornaria fundamental para o desenvolvimento da IA: "As máquinas podem pensar?". Para explorar essa pergunta, ele desenvolveu o famoso Teste de Turing, que sugeria que, se uma máquina pudesse enganar um humano ao ponto de parecer ser também humana em uma conversa, ela poderia ser considerada inteligente. Esse conceito marcou o início das discussões sobre a possibilidade de criar máquinas capazes de simular o comportamento humano.

Em 1956, ocorreu um dos eventos mais importantes da história da IA: a Conferência de Dartmouth, organizada por cientistas como John McCarthy, Marvin Minsky, Claude Shannon e Herbert Simon. Foi durante essa conferência que o termo "inteligência artificial" foi utilizado pela primeira vez de forma oficial, quando McCarthy definiu a IA como "a ciência e a engenharia de fazer máquinas inteligentes". O objetivo da conferência era explorar a possibilidade de fazer com que as máquinas pudessem aprender, resolver problemas e pensar de maneira semelhante ao ser humano.

Os primeiros anos de pesquisa em IA foram marcados por otimismo. Os cientistas acreditavam que seria possível, em um futuro relativamente próximo, criar máquinas capazes de resolver problemas complexos e até mesmo superar a inteligência humana em certas tarefas. Durante as décadas de 1950 e 1960, os pesquisadores conseguiram alguns avanços importantes, como o desenvolvimento de programas de resolução de problemas e algoritmos básicos que podiam jogar xadrez ou resolver quebra-cabeças. O General Problem Solver (GPS), criado por Newell e Simon em 1957, foi um exemplo inicial de um sistema projetado para simular o raciocínio humano ao resolver problemas gerais.

No entanto, à medida que o campo avançava, os desafios começaram a se acumular. Muitos dos problemas que inicialmente pareciam simples se mostraram extremamente complexos. Criar uma máquina que pudesse realmente entender e interpretar o mundo ao seu redor, aprender com a experiência e tomar decisões sensatas era muito mais difícil do que se imaginava. Além disso, a falta de poder computacional e as limitações tecnológicas da época tornaram difícil a criação de sistemas verdadeiramente inteligentes. Como resultado, o entusiasmo inicial diminuiu e os projetos começaram a enfrentar dificuldades de financiamento.

Esse período de decepção ficou conhecido como o primeiro "Inverno da IA", ocorrido durante a década de 1970. Nessa fase, muitos dos avanços esperados não se concretizaram, e as expectativas exageradas dos primeiros anos deram lugar a um certo ceticismo. O apoio financeiro tanto de instituições acadêmicas quanto de governos diminuiu consideravelmente, o que levou à estagnação no campo. Esse período se repetiu durante os anos 1980 e 1990, marcando um segundo inverno, onde o progresso continuava sendo lento e muitos projetos de IA foram abandonados.

Foi somente nas últimas duas décadas, a partir dos anos 2000, que a IA começou a ressurgir de maneira espetacular. Esse renascimento foi impulsionado por uma combinação de fatores, incluindo o aumento exponencial do poder computacional, que permitiu a execução de algoritmos complexos em uma fração do tempo que antes era necessário, e a disponibilidade de grandes volumes de dados. Esses dados, provenientes da explosão da internet e das redes sociais, forneceram a base para o desenvolvimento de tecnologias modernas de IA.

Além disso, o avanço nas redes neurais artificiais — sistemas computacionais inspirados na estrutura do cérebro humano — e o desenvolvimento de uma subcategoria chamada deep learning (aprendizado profundo) trouxeram mudanças significativas. As redes neurais profundas, que são compostas por várias camadas de processamento de dados, são capazes de "aprender" a reconhecer padrões complexos em grandes quantidades de informações. Esse avanço tecnológico permitiu o desenvolvimento de sistemas de reconhecimento de fala, tradução automática, visão computacional, entre outros. Um exemplo famoso é o AlphaGo, uma IA desenvolvida pelo Google DeepMind que, em 2016, venceu o campeão mundial do jogo de tabuleiro Go, uma tarefa anteriormente considerada extremamente difícil para uma máquina devido à complexidade do jogo.

Hoje, a IA está presente em uma infinidade de setores. Sistemas como assistentes virtuais (Siri, Alexa, Google Assistant), carros autônomos, algoritmos de recomendação em plataformas de streaming (Netflix, YouTube) e até diagnósticos médicos utilizando IA, como já me referi anteriormente, são exemplos de como essa tecnologia avançou.

A IA está, portanto, moldando o futuro de diversas indústrias e se tornando uma parte vital de nossas vidas diárias.

Em resumo, a história da IA reflete uma jornada de altos e baixos, cheia de desafios e inovações surpreendentes. Embora tenha enfrentado períodos de ceticismo e desinvestimento, a inteligência artificial ressurgiu com força nos últimos anos, prometendo transformar profundamente o mundo ao nosso redor. A expectativa é que, com os contínuos avanços, a IA continue a trazer soluções inovadoras para problemas complexos em diversas áreas, desde a saúde até o transporte, educação e entretenimento.

Exemplos de IA em nosso cotidiano

Para entender melhor o impacto da inteligência artificial (IA) em nosso dia a dia, vamos explorar alguns exemplos práticos de como essa tecnologia está presente em várias atividades cotidianas. Esses exemplos demonstram a amplitude da IA e como ela está transformando a maneira como vivemos, trabalhamos e interagimos com o mundo.

1. Assistentes Virtuais

Os assistentes virtuais são provavelmente uma das manifestações mais comuns da IA com as quais muitas pessoas já interagem diariamente. Aplicativos como Siri (da Apple), Alexa (da Amazon) e Google Assistant utilizam inteligência artificial avançada para entender e processar comandos de voz. Esses assistentes estão presentes em nossos smartphones, tablets, dispositivos domésticos inteligentes e até em nossos carros.

Quando você pede à Siri para agendar um compromisso, ela usa IA para compreender a sua linguagem natural e converter isso em uma ação no calendário. Da mesma forma, a Alexa pode tocar suas músicas favoritas, acionar lembretes, ou até mesmo controlar outros dispositivos conectados na sua casa, como lâmpadas e termostatos. Esses assistentes também evoluem com o tempo, aprendendo com suas interações passadas para oferecer respostas mais personalizadas. Um exemplo interessante é o uso de rotinas inteligentes, em que você pode programar o assistente para realizar uma série de ações com base em um único comando, como "boa noite", que pode apagar as luzes, trancar portas e ajustar o alarme.

Além de facilitar a organização pessoal e o controle de dispositivos, os assistentes virtuais também estão se tornando mais integrados a serviços financeiros, permitindo, por exemplo, verificar saldos bancários ou realizar transações por comando de voz, tornando-se cada vez mais uma ferramenta indispensável em nossa rotina.

2. Recomendações de Produtos

As plataformas de e-commerce têm se beneficiado enormemente da IA para melhorar a experiência do consumidor e otimizar as vendas. Quando você navega em sites como Amazon, é comum receber recomendações de produtos que são baseadas não apenas em suas compras anteriores, mas também em itens que outros clientes com perfis semelhantes adquiriram. Isso é possível graças aos algoritmos de IA que analisam grandes volumes de dados para prever o que pode te interessar.

Por exemplo, se você comprou recentemente um livro de ficção científica, a IA pode sugerir livros semelhantes ou até acessórios relacionados, como marcadores de livros ou edições especiais. Essas recomendações são personalizadas e continuam a melhorar à medida que você interage mais com a plataforma. Além disso, a IA também pode ser usada para identificar tendências emergentes no comportamento de consumo, ajustando as ofertas e campanhas publicitárias em tempo real.

Um exemplo notável desse uso é o sistema de recomendação da Netflix, que utiliza IA para sugerir filmes e séries com base no que você já assistiu. A capacidade de prever o que você gostará, analisando padrões de visualização, tem aumentado consideravelmente o tempo que os usuários passam na plataforma, mantendo-os engajados por mais tempo.

3. Diagnóstico Médico

A IA também está fazendo grandes avanços na área da medicina. Em hospitais e clínicas ao redor do mundo, sistemas de inteligência artificial estão sendo empregados para analisar exames médicos, como radiografias, ressonâncias magnéticas, tomografias e até exames de sangue. Esses sistemas podem identificar padrões sutis em imagens médicas que, muitas vezes, passam despercebidos ao olho humano, permitindo um diagnóstico mais preciso e precoce de várias condições, incluindo câncer, doenças cardíacas e doenças neurológicas.

Um exemplo impressionante é o uso de IA em mamografias, onde sistemas de IA treinados conseguem detectar sinais iniciais de câncer de mama com uma taxa de precisão muitas vezes superior à dos radiologistas experientes. Isso não significa que a IA substituirá os médicos, mas ela atua como uma ferramenta poderosa para aumentar a capacidade de diagnóstico e oferecer uma segunda opinião qualificada.

Além da análise de imagens, a IA está sendo usada para prever riscos de doenças. Por meio de grandes bases de dados de pacientes, os algoritmos podem analisar o histórico de saúde e prever a probabilidade de uma pessoa desenvolver doenças como diabetes ou problemas cardíacos, oferecendo um diagnóstico proativo que pode ajudar a salvar vidas.

4. Transporte Autônomo

O transporte autônomo é outra área onde a IA está revolucionando a forma como vivemos e nos deslocamos. Carros autônomos, como os desenvolvidos por empresas como Tesla, Waymo (uma subsidiária da Alphabet, controladora do Google) e outras grandes empresas de tecnologia, estão utilizando IA para navegar pelas ruas de maneira totalmente independente. Esses veículos são equipados com sensores, câmeras e sistemas de IA que são capazes de reconhecer obstáculos, como pedestres, sinais de trânsito e outros veículos, tomando decisões em frações de segundo para garantir a segurança.

Por exemplo, um carro autônomo da Tesla, por meio do seu sistema de piloto automático, pode dirigir em uma estrada movimentada, mudar de faixa, ajustar a velocidade conforme necessário e até parar em semáforos ou placas de sinalização. Além disso, a IA está sendo usada para otimizar o consumo de combustível e reduzir emissões, o que também contribui para um futuro mais sustentável.

Mas o impacto da IA no transporte vai além dos carros autônomos. Drones de entrega, por exemplo, já estão sendo testados por empresas como Amazon Prime Air, que pretende utilizar esses dispositivos inteligentes para realizar entregas de produtos diretamente na porta dos clientes de forma rápida e eficiente, reduzindo a necessidade de veículos convencionais.

5. IA na Educação

Outro exemplo cada vez mais presente é a aplicação da IA na educação. Com o avanço das plataformas de ensino online, como Coursera e Khan Academy, os algoritmos de IA podem personalizar o aprendizado para cada aluno, oferecendo conteúdos adequados ao ritmo e ao nível de compreensão individual. Isso ajuda a garantir que os estudantes tenham uma experiência de aprendizado mais eficaz, identificando suas fraquezas e ajustando as aulas de forma dinâmica.

Sistemas de IA também são usados para corrigir provas e trabalhos, fornecendo feedback quase imediato e liberando tempo para professores se concentrarem em outros aspectos do ensino. Além disso, chatbots alimentados por IA podem oferecer assistência 24 horas para responder a perguntas e ajudar os alunos a resolverem dúvidas.

6. Produção de Texto

Sistemas de IA como, ChatGPT, e outros chatbots que auxiliam na escrita são usados para gerar, editar e melhorar textos. Esses sistemas podem ajudar a compor desde artigos e postagens em blogs, até redações acadêmicas e roteiros para vídeos. Com a capacidade de analisar o contexto, essas IA's podem sugerir melhorias, oferecer insights e gerar conteúdo automaticamente com base em solicitações.

Um exemplo clássico é o uso de assistentes de escrita automática em empresas de marketing, que conseguem produzir textos publicitários ou posts para redes sociais em grande escala, economizando tempo e garantindo consistência. Corretores gramaticais e de estilo, como o Grammarly e o ProWritingAid, também utilizam IA para ajudar a melhorar a gramática, o tom e a clareza de um texto, tornando-os ferramentas indispensáveis para escritores e profissionais de comunicação.

Além disso, há IA's que geram textos mais técnicos e orientados para setores específicos, como o jornalismo automatizado, onde sistemas de IA criam reportagens com base em grandes conjuntos de dados. Grandes veículos de mídia, como a Associated Press, já utilizam essa tecnologia para gerar relatórios financeiros e notícias de última hora de forma automatizada.

7. Produção de Imagens

A IA também tem causado um grande impacto no mundo das artes visuais e do design gráfico. Ferramentas de geração de imagens como DALL-E, MidJourney e Stable Diffusion permitem que usuários criem ilustrações, pinturas e outros tipos de arte com base em descrições textuais. Ou seja, você pode simplesmente descrever o que deseja ver e a IA gera uma imagem correspondente, algo que antes exigiria horas de trabalho de um artista humano.

Isso tem facilitado a vida de designers e criadores de conteúdo, que podem gerar visuais rapidamente para apresentações, materiais de marketing ou até mesmo para arte conceitual. Ferramentas de edição de imagem, como o Photoshop da Adobe, também têm integrado IA em suas funcionalidades, oferecendo opções de edição automática, remoção de objetos de uma cena ou melhorias de qualidade de imagem com apenas um clique.

Outra área emergente é a manipulação de fotos por meio de IA, onde é possível criar fotos hiper-realistas que parecem ter sido tiradas no mundo real. Isso está sendo utilizado em áreas como design de moda, arquitetura e até prototipagem de produtos.

8. Produção de Vídeo

O campo de edição de vídeo também tem sido transformado pela IA. Hoje, já existem sistemas que podem editar vídeos automaticamente, cortar cenas desnecessárias e até ajustar a trilha sonora de forma sincronizada com as imagens. Ferramentas como o Adobe Premiere Pro e o Final Cut Pro utilizam IA para sugerir cortes, transições e ajustes de cor, permitindo que editores de vídeo economizem horas de trabalho manual.

Um exemplo interessante é o uso de IA's em geração automática de legendas e tradução de vídeos, onde sistemas conseguem identificar a fala e gerar legendas precisas em múltiplos idiomas, facilitando a criação de conteúdo acessível a uma audiência global.

Além disso, IA's como o Deepfake têm sido utilizadas para

criar vídeos em que os rostos de pessoas podem ser trocados ou manipulados, gerando conteúdo incrivelmente realista. Embora isso tenha despertado preocupações éticas, também abriu novas portas para a criação de efeitos especiais em filmes e séries.

9. Produção de Áudio e Música

Na música, a IA tem desempenhado um papel cada vez mais importante. Ferramentas como Amper Music, AIVA e Jukedeck podem compor trilhas sonoras personalizadas com base em parâmetros fornecidos pelo usuário. Essas ferramentas geram músicas originais automaticamente, usadas em vídeos, comerciais, jogos e até produções cinematográficas.

Além disso, a IA pode ser usada para melhorar a qualidade de gravações de áudio, eliminando ruídos de fundo ou ajustando o tom e o ritmo de uma gravação. Programas de edição de áudio, como o Adobe Audition, estão cada vez mais integrando algoritmos de IA para simplificar a produção de som.

Em termos de síntese de voz, IA's como o Google Text-to-Speech ou o Amazon Polly permitem que textos sejam convertidos em fala realista, facilitando a criação de narrações para vídeos, podcasts e audiolivros. Além disso, sistemas de reconhecimento de voz permitem transcrever áudio em texto, o que é útil para criar legendas automáticas ou até para gravar anotações de reuniões.

10. IA em Ferramentas Criativas no Cotidiano

Além das áreas específicas mencionadas, a IA está amplamente integrada em várias ferramentas cotidianas que auxiliam na criação de conteúdo para o trabalho ou o lazer. Por exemplo, ferramentas de marketing digital utilizam IA para gerar anúncios publicitários, criar conteúdo visual e textual e até otimizar campanhas com base no comportamento dos usuários.

Outro exemplo é o uso de IA em plataformas de streaming, como YouTube e Spotify, que utilizam algoritmos para analisar os padrões de consumo dos usuários e sugerir vídeos ou músicas baseados em seus gostos. Esse tipo de recomendação é uma aplicação direta da IA que afeta a forma como consumimos conteúdo.

11. IA Conversacional - Assistentes como o ChatGPT

Programada para ajudar em diversas tarefas, como responder perguntas, gerar conteúdos, realizar análises e até ajudar na resolução de problemas. Seu objetivo é facilitar o acesso à informação e ajudar as pessoas a obterem respostas e insights de forma rápida e eficiente. Com base no que você lhe diz, chamado de prompt, pode-se adaptar suas respostas para oferecer sugestões personalizadas, realizar cálculos complexos, criar textos e até ajudar a estruturar um projeto ou desenvolver um plano de ação.

A IA conversacional está presente em muitos serviços online, como chatbots em sites de atendimento ao cliente, onde ela pode ajudar os usuários a resolver problemas sem a necessidade de um atendente humano. Esses chatbots conseguem responder perguntas frequentes, guiar o usuário através de processos ou até mesmo oferecer suporte técnico básico.

Esses exemplos mostram como a inteligência artificial não só faz parte do nosso cotidiano, mas está profundamente enraizada nas ferramentas criativas e produtivas que usamos todos os dias. Desde a produção de textos e imagens até a criação de músicas e vídeos, a IA oferece possibilidades antes inimagináveis, tornando o trabalho mais eficiente, acessível e dinâmico. À medida que essas tecnologias continuam a evoluir, podemos esperar ainda mais inovações que transformarão a maneira como criamos, consumimos e interagimos no futuro.

CAPITULO 2

Fundamentos Técnicos

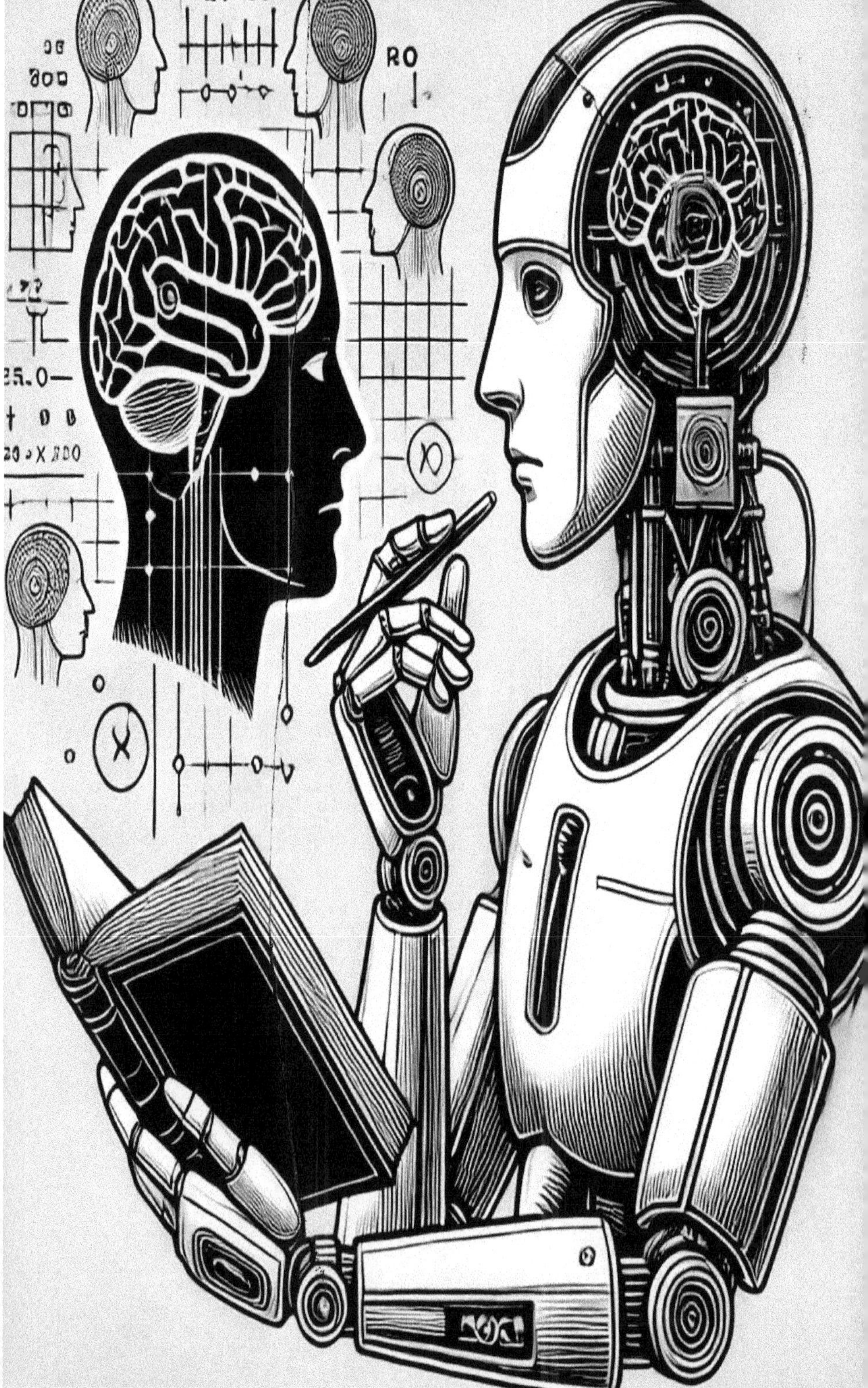

O que são ALGORITIMOS?

Um algoritmo é uma sequência finita de instruções bem definidas que são seguidas para resolver um problema ou realizar uma tarefa específica. Imagine um algoritmo como uma receita culinária: cada passo na receita deve ser seguido de forma precisa e na ordem correta para que o prato final seja preparado com sucesso. No contexto da computação, os algoritmos são fundamentais porque permitem que os computadores executem ações de maneira lógica e eficiente.

Um algoritmo pode ser tão simples quanto uma instrução para somar dois números, ou tão complexo quanto um sistema de inteligência artificial (IA) que analisa grandes volumes de dados para tomar decisões. Em essência, os algoritmos são o núcleo da programação. Eles determinam como os dados serão processados e quais decisões serão tomadas em cada etapa.

Por exemplo, ao realizar uma pesquisa no Google, um algoritmo extremamente complexo entra em ação para determinar quais páginas da web são mais relevantes para sua consulta. Esse algoritmo, chamado PageRank, leva em conta vários fatores, como a presença de palavras-chave, a relevância do conteúdo, a estrutura dos links e até mesmo a popularidade e autoridade de cada página. Esses fatores são analisados de maneira automática e em questão de milissegundos, retornando resultados relevantes e organizados.

Outro exemplo cotidiano de algoritmos são os sistemas de navegação GPS, que utilizam uma série de instruções para calcular as rotas mais rápidas ou eficientes com base em informações de trânsito em tempo real, distâncias e condições da estrada. Esses sistemas precisam "pensar" rapidamente, ajustando as rotas conforme surgem novos dados, como congestionamentos ou acidentes.

Os algoritmos também desempenham um papel vital na segurança cibernética. Criptografias, por exemplo, são baseadas em algoritmos que embaralham as informações de modo que apenas aqueles com a chave correta possam decifrá-las. Isso protege informações sensíveis, como transações bancárias e dados pessoais, de possíveis ataques.

Tipos de Algoritmos

Algoritmos Determinísticos: Seguem um conjunto pré-definido de regras e sempre retornam o mesmo resultado dado o mesmo conjunto de entradas. São previsíveis e garantem um comportamento consistente.

Algoritmos Não Determinísticos: Utilizam algum grau de aleatoriedade durante o processo, o que significa que podem produzir resultados diferentes mesmo quando as entradas são idênticas. Esses algoritmos são amplamente usados em áreas como criptografia e IA.

Algoritmos Gulosos: Tomam decisões com base no que parece ser a melhor opção no momento, sem considerar o impacto futuro. São amplamente utilizados em otimizações.

Aprendizado de Máquina e Aprendizado Profundo

O Aprendizado de Máquina (Machine Learning) é uma subárea da inteligência artificial (IA) que se concentra em criar sistemas que aprendem e melhoram seu desempenho a partir de dados, sem serem explicitamente programados para realizar uma tarefa. Em vez de seguir um conjunto fixo de regras (como em algoritmos tradicionais), os sistemas de aprendizado de máquina desenvolvem suas próprias regras, extraindo padrões dos dados que analisam. Com o tempo, esses sistemas se tornam mais precisos à medida que recebem mais informações.

Um exemplo comum de aprendizado de máquina é o sistema de recomendação da Netflix. Ao observar o que você assiste e a classificação que dá a filmes e séries, o sistema aprende suas preferências e usa esses dados para sugerir novos conteúdos que provavelmente serão do seu interesse. Isso não é feito manualmente, mas através de algoritmos que utilizam técnicas como aprendizado supervisionado e não supervisionado para identificar padrões de comportamento.

Dentro do campo do aprendizado de máquina, existe um ramo ainda mais especializado conhecido como Aprendizado Profundo (Deep Learning). O aprendizado profundo é inspirado no funcionamento do cérebro humano, utilizando redes neurais artificiais para processar grandes volumes de dados. As redes neurais consistem em várias camadas de "neurônios" interconectados que trabalham juntos para processar informações complexas.

As redes neurais são especialmente eficazes em tarefas como reconhecimento de imagens, onde a quantidade de variáveis e informações a serem analisadas é enorme. Por exemplo, quando você posta uma foto em uma rede social, um sistema de aprendizado profundo pode identificar automaticamente os rostos presentes na imagem, sugerir a marcação de amigos e até reconhecer objetos no plano de fundo. Isso é possível porque as redes neurais analisam a foto em várias camadas, começando por identificar formas básicas, como linhas e bordas, até chegar a padrões mais complexos, como rostos humanos.

Exemplos Práticos de Algoritmos e Aprendizado de Máquina

Reconhecimento de Imagens: Aplicativos como o Google Fotos utilizam algoritmos de aprendizado profundo para identificar e organizar fotos com base em rostos, objetos e cenários. O algoritmo é treinado com milhões de imagens, aprendendo a diferenciar características visuais. Isso permite que, ao pesquisar "praia", todas as fotos relacionadas a esse tema sejam exibidas instantaneamente.

Análise de Sentimentos: As empresas usam algoritmos de aprendizado de máquina para analisar o sentimento em comentários e avaliações online. Isso é muito utilizado em redes sociais e plataformas de e-commerce, onde os sistemas conseguem identificar se os usuários estão satisfeitos ou insatisfeitos com um produto ou serviço. A análise de sentimentos permite que as empresas ajustem suas estratégias de marketing, desenvolvam novos produtos e melhorem o atendimento ao cliente.

Detecção de Fraude: No setor bancário, algoritmos de aprendizado de máquina são essenciais para identificar transações fraudulentas. Eles analisam grandes volumes de dados históricos e aprendem a reconhecer padrões de comportamento normais e anômalos. Quando um comportamento fora do padrão é detectado, como uma compra incomum em um local distante, o sistema sinaliza a transação como suspeita, podendo até mesmo bloqueá-la para evitar fraudes.

Assistentes Virtuais: Assistentes como Siri, Alexa e Google Assistant usam aprendizado de máquina para entender e responder comandos de voz. Esses sistemas continuam a melhorar à medida que processam mais interações, tornando-se mais precisos na interpretação de diferentes sotaques, línguas e maneiras de falar.

Compreender os fundamentos dos algoritmos e do aprendizado de máquina é crucial para apreciar as capacidades e limitações da IA. À medida que a tecnologia avança, algoritmos eficientes tornam-se essenciais não apenas para aumentar a produtividade, mas também para lidar com questões éticas e de privacidade. A IA está em constante evolução e, embora tenha mostrado resultados impressionantes, também levanta debates sobre a automação de empregos, a manipulação de dados e o uso ético de informações pessoais.

Entendendo a Estrutura de Dados

As estruturas de dados são uma das bases fundamentais da programação e, consequentemente, da inteligência artificial (IA) e do aprendizado de máquina. Elas definem como os dados são organizados, armazenados e acessados em um programa. Em termos mais simples, pense em uma estrutura de dados como uma "caixa" onde guardamos informações, e dependendo do tipo de caixa que usamos, será mais fácil ou mais difícil acessar ou modificar essas informações.

Tipos Comuns de Estruturas de Dados

1. Arrays (Vetores)

Um array é uma estrutura simples que armazena um conjunto de elementos, todos do mesmo tipo, em um espaço contínuo de memória. Imagine um array como uma fila de cadeiras numeradas, onde cada cadeira pode conter um único dado. Cada elemento em um array é acessado através de seu índice (posição), o que facilita a busca por dados em grandes quantidades. Exemplo prático: Imagine que você tem um array que guarda as temperaturas registradas ao longo de uma semana. Para saber qual foi a temperatura na quarta-feira, você acessa o índice correspondente ao dia (3, já que a contagem começa no zero) e obtém o valor desejado.

2. Listas Ligadas (Linked Lists)

Ao contrário dos arrays, onde os dados estão todos em posições consecutivas de memória, as listas ligadas armazenam seus elementos de maneira mais flexível, onde cada elemento (ou nó) aponta para o próximo. Isso significa que os dados podem ser espalhados pela memória, mas ainda assim conectados. Exemplo prático: Imagine uma corrente onde cada elo aponta para o próximo. Em uma lista ligada, você não precisa de um bloco contínuo de memória para armazenar seus dados, mas ainda consegue acessá-los de forma eficiente.

3. Filas (Queues)

Uma fila segue o princípio "primeiro a entrar, primeiro a sair" (FIFO - First In, First Out). Pense em uma fila no banco: a primeira pessoa a entrar na fila é a primeira a ser atendida. Esse tipo de estrutura é ideal quando você precisa processar tarefas na ordem em que elas chegaram. Exemplo prático: No processamento de pedidos em um sistema de compras online, uma fila pode ser usada para garantir que os pedidos sejam atendidos na ordem correta.

4. Pilhas (Stacks)

A pilha segue o princípio "último a entrar, primeiro a sair" (LIFO - Last In, First Out). Imagine uma pilha de pratos: você sempre tira o prato do topo e, se quiser adicionar um novo prato, ele vai para o topo da pilha. Exemplo prático: Um uso comum de pilhas está na navegação em navegadores da web. Quando você visita uma página e depois clica em "voltar", o navegador usa uma pilha para retornar à página anterior.

5. Árvores (Trees)

Uma árvore é uma estrutura hierárquica que organiza os dados de forma que cada elemento (chamado de nó) pode ter "filhos". O nó superior é chamado de raiz, e os nós mais abaixo podem ter seus próprios filhos, criando uma estrutura ramificada. As árvores são muito usadas em IA, especialmente em algoritmos de busca e classificação. Exemplo prático: Uma árvore de decisão, usada em aprendizado de máquina, é uma estrutura onde cada nó representa uma decisão com base em um conjunto de características. A partir da raiz, o modelo faz perguntas como "o produto custa mais de R$100?" e, dependendo da resposta, segue para outro nó até chegar à decisão final.

6. Grafos (Graphs)

Um grafo é uma estrutura de dados mais complexa que representa relações entre diferentes elementos, chamados de vértices (ou nós), conectados por arestas (linhas). Ao contrário das árvores, onde os nós seguem uma estrutura hierárquica, os grafos podem ter conexões mais soltas, e até mesmo permitir ciclos (ou seja, voltar ao ponto de origem). Exemplo prático: As redes sociais são um grande exemplo de grafos. Cada pessoa (vértice) está conectada a outras (vértices vizinhos), e essas conexões podem formar uma rede complexa de amizades e interesses compartilhados.

Importância das Estruturas de Dados em IA e Machine Learning

Em IA e aprendizado de máquina, a escolha da estrutura de dados adequada pode fazer uma diferença significativa no desempenho e na eficiência dos algoritmos. Para algoritmos de classificação, por exemplo, estruturas como árvores de decisão ou grafos são frequentemente usadas para tomar decisões complexas com base em grandes quantidades de informações. Ao escolher a estrutura de dados correta, os algoritmos podem processar informações de maneira mais rápida e eficaz, o que é essencial para tarefas como reconhecimento de padrões e predições.

Além disso, em aprendizado profundo, onde os dados são massivos e o treinamento dos modelos pode levar horas ou dias, a maneira como os dados são organizados e processados é fundamental. Estruturas como matrizes (arrays de múltiplas dimensões) são usadas para representar e manipular imagens, vídeos e outros tipos de dados complexos.

Modelos Matemáticos e Estatísticos

Para que a IA funcione corretamente, há um forte alicerce matemático por trás de cada algoritmo. A matemática, especialmente a álgebra linear, o cálculo e a probabilidade, é o que permite que os modelos de aprendizado de máquina façam previsões, reconheçam padrões e tomem decisões com base em dados.

Álgebra Linear

A álgebra linear é a base para a maioria dos algoritmos de aprendizado profundo. Isso porque, nos modelos de aprendizado de máquina, os dados são frequentemente representados como matrizes e vetores. A álgebra linear permite realizar operações com essas matrizes, como multiplicação e adição, que são essenciais para ajustar os pesos em uma rede neural. Exemplo prático: Imagine que você está tentando prever o preço de uma casa com base em seu tamanho, número de quartos e localização. Os dados podem ser representados como um vetor, e os pesos atribuídos a cada fator (como o impacto do tamanho da casa no preço) são ajustados através de cálculos de álgebra linear.

Cálculo Diferencial

O cálculo é amplamente utilizado em algoritmos de otimização, que ajustam os parâmetros de um modelo para melhorar sua performance. Por exemplo, em redes neurais, o gradiente descendente é uma técnica de otimização que usa o cálculo diferencial para minimizar a função de perda (uma medida de quão distante as previsões estão dos valores reais).

Exemplo prático: No treinamento de uma rede neural, o cálculo diferencial é usado para ajustar os pesos e melhorar a precisão das predições. Quando o modelo faz uma previsão incorreta, o cálculo ajuda a determinar a direção correta para ajustar os pesos e minimizar o erro.

Probabilidade e Estatística

A probabilidade desempenha um papel crucial em algoritmos de aprendizado supervisionado e não supervisionado. Esses algoritmos frequentemente dependem de modelos probabilísticos para fazer previsões com base em dados incertos ou incompletos. Conceitos como distribuição normal e distribuição de probabilidade são usados para modelar a incerteza nos dados. Exemplo prático: Em um sistema de reconhecimento de voz, há incerteza sobre quais palavras foram faladas, especialmente em ambientes ruidosos. A probabilidade ajuda o sistema a calcular as chances de uma palavra ser dita com base em sons e padrões linguísticos conhecidos.

Regressão Linear e Logística

A regressão linear é uma técnica estatística usada para modelar a relação entre uma variável dependente e uma ou mais variáveis independentes. Ela é amplamente utilizada para fazer predições numéricas, como prever o valor de uma ação no mercado financeiro.

Já a regressão logística é usada para predições binárias, onde o resultado é categorizado como "sim" ou "não". Um exemplo comum de regressão logística é na detecção de spam, onde o algoritmo decide se um e-mail é spam ou não com base em características como o remetente, o conteúdo e a presença de links suspeitos.

Redes Neurais Artificiais

As Redes Neurais Artificiais (Artificial Neural Networks, ou ANNs) são um dos pilares fundamentais do Aprendizado Profundo (Deep Learning). Elas são inspiradas pelo funcionamento do cérebro humano, em especial pelas redes de neurônios biológicos, que processam e transmitem informações. As redes neurais artificiais tentam replicar esse comportamento, criando um sistema onde dados são processados em múltiplas camadas, permitindo que o computador "aprenda" com os dados e faça predições complexas.

Estrutura de uma Rede Neural

Uma rede neural artificial é composta por uma série de neurônios artificiais (também chamados de unidades), organizados em camadas. Cada neurônio é uma unidade de processamento que recebe um conjunto de entradas, realiza um cálculo e transmite uma saída.

Camadas de uma Rede Neural

1. Camada de Entrada:

Esta é a primeira camada da rede, onde os dados brutos são inseridos. Cada neurônio nesta camada representa uma característica ou atributo dos dados de entrada. Por exemplo, se estamos processando uma imagem, cada pixel pode ser representado como um neurônio na camada de entrada.

2. Camadas Ocultas:

As camadas ocultas ficam entre a camada de entrada e a camada de saída. São chamadas de ocultas porque não têm conexão direta com os dados de entrada ou com a saída final, mas desempenham um papel crucial no processamento dos dados. Cada neurônio em uma camada oculta recebe os valores da camada anterior, processa esses valores através de uma função de ativação e passa o resultado para a próxima camada. As redes neurais profundas têm várias camadas ocultas, e é essa profundidade que permite o aprendizado de padrões complexos nos dados.

3. Camada de Saída:

A última camada da rede neural é a camada de saída, que fornece o resultado final do processamento. Em um sistema de classificação de imagens, por exemplo, a camada de saída pode ter neurônios representando diferentes categorias (como "gato" ou "cachorro"), e o neurônio com o maior valor indica a previsão final da rede.

Neurônios e Conexões

Cada neurônio em uma camada recebe entradas ponderadas de todos os neurônios da camada anterior. Isso significa que cada entrada tem um "peso" atribuído, que determina sua importância no cálculo final. O neurônio então aplica uma função de ativação, como veremos a seguir, para gerar uma saída.

Os pesos dessas conexões são ajustados durante o processo de treinamento, permitindo que a rede "aprenda" a fazer predições mais precisas. Por exemplo, em um sistema de reconhecimento de imagem, os pesos são ajustados para que o neurônio responsivo ao "cachorro" seja ativado quando uma imagem de um cachorro é fornecida como entrada.

Funções de Ativação

As funções de ativação são essenciais para redes neurais, pois introduzem não-linearidades no modelo. Sem essas funções, a rede não seria capaz de aprender relações complexas entre os dados.

ReLU (Rectified Linear Unit):

ReLU é uma das funções de ativação mais populares e amplamente usadas. Ela transforma a saída de um neurônio em zero se o valor for negativo e mantém o valor se for positivo. Isso ajuda a evitar problemas com gradientes desaparecendo (um problema comum em redes profundas). Exemplo prático: Se a saída de um neurônio for -3, a função ReLU a transformará em 0; se a saída for 5, ela permanecerá 5.

Sigmoid:

A função sigmoid mapeia os valores de saída de um neurônio para um intervalo entre 0 e 1. Isso a torna ideal para tarefas de classificação binária, onde precisamos de uma decisão "sim ou não". Exemplo prático: Em um sistema de classificação de e-mails como "spam" ou "não spam", a função sigmoid pode ajudar a atribuir probabilidades entre 0 e 1 para cada e-mail.

Softmax:

A função softmax é usada principalmente na camada de saída de redes neurais que realizam tarefas de classificação com múltiplas classes. Ela transforma a saída em probabilidades que somam 1, indicando a probabilidade de cada classe ser a correta. Exemplo prático: Em uma rede que classifica imagens de animais em "gato", "cachorro" e "pássaro", a função softmax calculará a probabilidade de cada uma dessas categorias, e a com a maior probabilidade será a escolha final da rede.

Processo de Treinamento: Retropropagação e Otimização

O treinamento de uma rede neural envolve um processo conhecido como retropropagação (backpropagation). Durante o treinamento, a rede ajusta seus pesos de acordo com os erros cometidos nas predições, e isso é feito repetidamente para minimizar o erro geral.

Passo à Frente (Forward Pass):

Primeiro, os dados de entrada são passados através das camadas da rede, da camada de entrada até a camada de saída. O resultado final (previsão) é comparado com o valor real esperado (a resposta correta), e o erro é calculado.

Cálculo do Erro:

A função de perda (loss function) calcula o erro entre a previsão da rede e o valor real. Para uma tarefa de classificação, por exemplo, uma função comum é a entropia cruzada, que mede a diferença entre as probabilidades previstas e as reais.

Retropropagação (Backpropagation):

Na retropropagação, o erro calculado é "propagado" de volta através da rede, ajustando os pesos dos neurônios em cada camada para reduzir o erro na próxima previsão. Isso é feito usando o gradiente descendente, uma técnica de otimização que ajusta os pesos gradualmente em direção ao valor ideal.

Gradiente Descendente:

O gradiente descendente é uma técnica de otimização que ajusta os pesos da rede com base no gradiente da função de perda. O objetivo é minimizar a função de perda, ajustando os pesos de maneira a reduzir o erro nas predições da rede.

Redes Neurais Convolucionais (CNNs)

Uma variação especial das redes neurais são as Redes Neurais Convolucionais (Convolutional Neural Networks, ou CNNs). Elas são projetadas especificamente para processar dados estruturados em forma de grade, como imagens. As CNNs utilizam camadas de convolução, que aplicam filtros aos dados de entrada para extrair características relevantes, como bordas e texturas. Exemplo prático: No reconhecimento de imagens, as CNNs são capazes de identificar características como formas e padrões, o que as torna extremamente eficazes para tarefas como classificação de imagens, detecção de objetos e reconhecimento facial.

Redes Neurais Recorrentes (RNNs)

As Redes Neurais Recorrentes (Recurrent Neural Networks, ou RNNs) são projetadas para processar dados sequenciais, como texto ou séries temporais. Ao contrário das redes tradicionais, as RNNs têm conexões que permitem que as saídas de um neurônio sejam alimentadas de volta para si mesmo, criando um ciclo. Isso permite que as RNNs tenham "memória" e usem informações anteriores no processamento atual. Exemplo prático: Em sistemas de tradução automática, como o Google Tradutor, as RNNs são usadas para processar frases inteiras, levando em consideração o contexto das palavras anteriores para fazer uma tradução mais precisa.

Processamento de Linguagem Natural (NLP)

O Processamento de Linguagem Natural (Natural Language Processing, ou NLP) é uma área da inteligência artificial focada na interação entre computadores e seres humanos usando linguagem natural. O objetivo do NLP é permitir que as máquinas entendam, processem e gerem linguagem de uma forma que seja útil e natural para os humanos. Ele está por trás de muitas das tecnologias que usamos diariamente, como assistentes virtuais, sistemas de tradução automática e análise de sentimentos em redes sociais.

Como Funciona o NLP?

O NLP envolve uma combinação de linguística computacional (o estudo da linguagem e sua estrutura) e algoritmos de aprendizado de máquina. Essas técnicas permitem que os sistemas analisem grandes volumes de texto ou fala, extraiam informações valiosas e realizem tarefas complexas, como tradução ou resposta a perguntas. A seguir estão alguns dos processos principais usados no NLP:

1. Tokenização: Este é o processo de dividir o texto em unidades menores, chamadas "tokens". Um token pode ser uma palavra, uma frase ou até mesmo uma pontuação. Isso facilita o processamento do texto, pois cada token pode ser tratado separadamente. Imagine que você está ensinando uma máquina a entender uma frase. A máquina primeiro quebra essa frase em palavras para que possa trabalhar com elas individualmente.

2. Análise Gramatical (Parsing): Envolve entender a estrutura gramatical de uma frase. Isso inclui identificar substantivos, verbos, advérbios e outros componentes da frase, ajudando o sistema a compreender melhor o significado. Essa etapa é crucial em aplicações como tradutores automáticos, onde entender a estrutura da frase ajuda na precisão da tradução.

3. Reconhecimento de Entidades Nomeadas (Named Entity Recognition): O sistema identifica e classifica elementos do texto que são entidades importantes, como nomes de pessoas, locais, datas ou organizações. Por exemplo, em uma notícia, o algoritmo pode identificar "Barack Obama" como uma pessoa, "Washington" como um lugar, e "04 de novembro de 2008" como uma data.

4. Modelagem de Tópicos: É uma técnica usada para identificar os principais temas ou tópicos em um grande conjunto de textos. Isso pode ser muito útil, por exemplo, para analisar comentários em redes sociais e descobrir quais são os principais tópicos que os usuários estão discutindo sobre um determinado produto ou evento.

5. Geração de Texto: Além de entender a linguagem, o NLP também permite que as máquinas gerem linguagem humana. Isso é essencial em assistentes virtuais e sistemas de atendimento automático, onde o sistema deve responder perguntas ou fornecer informações de forma clara e natural.

Aplicações de NLP

- **Assistentes Virtuais:** Ferramentas como Siri, Google Assistant e Alexa utilizam NLP para entender e responder comandos de voz. Quando você pergunta "Qual é o clima hoje?", o assistente primeiro processa sua fala, transforma-a em texto, interpreta o significado (ou seja, você quer saber a previsão do tempo) e responde com base nos dados disponíveis.

- **Chatbots e Atendimento ao Cliente:** Muitas empresas utilizam chatbots equipados com NLP para fornecer atendimento ao cliente. Esses sistemas podem responder perguntas comuns, resolver problemas e até mesmo guiar o cliente em etapas mais complexas, economizando tempo para ambas as partes.

- **Análise de Sentimentos:** O NLP também é usado para analisar o sentimento de textos, como comentários em redes sociais ou avaliações de produtos. Isso permite que as empresas compreendam como os consumidores se sentem em relação a um produto ou serviço. Por exemplo, um algoritmo de análise de sentimentos pode identificar se uma crítica online é positiva, negativa ou neutra.

- **Tradução Automática:** Ferramentas como Google Tradutor usam NLP para traduzir texto de um idioma para outro. O sistema primeiro analisa a estrutura da frase no idioma de origem, mapeia as palavras e frases correspondentes no idioma de destino e tenta preservar o significado original.

- **Filtragem de Spam:** No e-mail, o NLP é usado para analisar o conteúdo das mensagens e identificar padrões que são comumente encontrados em e-mails de spam. A partir daí, ele decide se uma mensagem deve ir para a caixa de entrada ou para a pasta de spam.

Treinamento e Validação de Modelos

O processo de treinamento e validação de modelos é uma etapa essencial no aprendizado de máquina e no aprendizado profundo. Esse processo envolve alimentar o modelo com dados para que ele possa "aprender" a fazer previsões, e então validar esse aprendizado para garantir que o modelo seja capaz de generalizar bem para novos dados. Vamos entender melhor como esse ciclo funciona.

Etapas do Treinamento de Modelos

1. Divisão do Conjunto de Dados:

O primeiro passo é dividir os dados em três subconjuntos:

TREINAMENTO / VALIDAÇÃO / TESTE

- **Conjunto de Treinamento:** É o maior conjunto e é utilizado para treinar o modelo. O modelo ajusta seus parâmetros com base nesses dados.

- **Conjunto de Validação:** É usado para ajustar hiperparâmetros e evitar o overfitting (quando o modelo "aprende demais" sobre os dados de treinamento e não consegue se adaptar a novos dados).

- **Conjunto de Teste:** É usado para avaliar o desempenho final do modelo. Esses dados são "novos" para o modelo, ou seja, ele nunca os viu antes. Isso fornece uma boa estimativa de como o modelo funcionará no mundo real.

2. Treinamento:

- Durante o treinamento, o modelo passa repetidamente pelos dados de treinamento, ajustando seus pesos, no caso de redes neurais, ou outros parâmetros com base nos erros que comete ao fazer previsões. Isso é feito através de um algoritmo de otimização, como o gradiente descendente, que ajusta os parâmetros de maneira a minimizar uma função de perda, que mede o erro do modelo.

3. Validação:

- O conjunto de validação é usado para testar o modelo enquanto ele está sendo treinado. Ele ajuda a ajustar os hiperparâmetros, configurações que não são aprendidas diretamente pelo modelo, como a taxa de aprendizado ou o número de camadas em uma rede neural. Isso é importante porque o modelo pode parecer muito bom no conjunto de treinamento, mas se ele estiver ajustado demais a esses dados, pode não se sair tão bem com dados novos.

4. Teste:

- Depois de treinado, o modelo é testado no conjunto de teste para avaliar sua capacidade de generalizar e fazer previsões corretas em dados que nunca viu antes. O desempenho no conjunto de teste dá uma boa estimativa de como o modelo funcionaria em cenários do mundo real.

Métricas de Avaliação

Existem várias métricas que são usadas para avaliar a qualidade de um modelo. Abaixo seguem algumas das mais comuns:

Acurácia:

A acurácia é a proporção de predições corretas feitas pelo modelo em relação ao total de predições. É uma métrica simples e intuitiva, mas pode ser enganosa em conjuntos de dados desbalanceados, onde uma classe aparece muito mais frequentemente que outras.

Precisão e Revocação:

- **Precisão** refere-se à proporção de predições positivas corretas entre todas as predições positivas feitas. É útil em situações onde o custo de uma predição positiva incorreta é alto, por exemplo, diagnosticar uma doença que a pessoa não tem.

- **Revocação** refere-se à proporção de verdadeiros positivos identificados pelo modelo em relação ao total de positivos reais. Isso é importante em casos onde é essencial capturar todos os verdadeiros positivos, mesmo que haja alguns falsos positivos, como em detecção de fraudes.

F1-Score: Esta é a média harmônica entre a precisão e a revocação, e é usada para encontrar um equilíbrio entre essas duas métricas. Ela é especialmente útil quando as classes estão desbalanceadas.

Matriz de Confusão: A matriz de confusão é uma tabela que mostra as predições corretas e incorretas feitas pelo modelo, organizadas por classe. Isso ajuda a entender melhor onde o modelo está cometendo erros.

Overfitting e Underfitting

1. Overfitting: Isso acontece quando o modelo está ajustado demais aos dados de treinamento e perde a capacidade de generalizar para novos dados. Isso pode ser comparado a decorar respostas para uma prova: você vai se sair bem na prova para a qual estudou, mas não conseguirá lidar com perguntas diferentes.

- Soluções para Overfitting: Uma técnica comum para evitar overfitting é a regularização, que penaliza modelos muito complexos, forçando-os a se manterem mais simples e, portanto, mais generalizáveis.

2. Underfitting: Ocorre quando o modelo não consegue capturar os padrões nos dados de treinamento. Isso normalmente acontece quando o modelo é muito simples ou não teve treinamento suficiente.

- Soluções para Underfitting: Aumentar a complexidade do modelo, como adicionar mais camadas a uma rede neural ou treiná-lo por mais tempo, pode ajudar a resolver o underfitting.

Recursos Computacionais

À medida que a inteligência artificial (IA) e o aprendizado de máquina (Machine Learning) evoluem, as exigências de recursos computacionais também crescem. Processar grandes volumes de dados e treinar modelos complexos, especialmente em aprendizado profundo (Deep Learning), exige uma quantidade substancial de poder de processamento. Neste tópico, vamos explorar os principais tipos de recursos computacionais usados em IA, incluindo GPUs, TPUs, e a computação em nuvem.

GPUs (Unidades de Processamento Gráfico)

As GPUs (Graphics Processing Units) são amplamente usadas para acelerar o treinamento de modelos de IA, especialmente em aprendizado profundo. Originalmente projetadas para manipular gráficos em videogames e aplicações de multimídia, as GPUs são excepcionalmente boas em realizar cálculos em paralelo, o que é exatamente o que o aprendizado profundo exige.

- **Por que as GPUs são importantes?** As redes neurais profundas realizam muitas operações matemáticas complexas, como multiplicações matriciais, e as GPUs conseguem realizar essas operações simultaneamente em milhares de núcleos de processamento. Isso significa que, ao contrário das CPUs (Unidades de Processamento Central), que processam uma tarefa de cada vez, as GPUs podem lidar com várias tarefas ao mesmo tempo, acelerando significativamente o tempo de treinamento dos modelos.

- **Exemplo prático:** Imagine treinar uma rede neural para reconhecimento de imagens. Cada imagem contém milhões de pixels que precisam ser processados simultaneamente. As GPUs dividem esse trabalho em milhares de pequenos processos, tornando o treinamento de modelos mais eficiente.

- **Uso em IA:** Em tarefas de aprendizado profundo, como o treinamento de redes neurais convolucionais (CNNs), para reconhecimento de imagens ou redes neurais recorrentes (RNNs), para processamento de linguagem natural, as GPUs podem reduzir drasticamente o tempo necessário para treinar um modelo, que pode levar dias ou semanas em uma CPU comum.

TPUs (Unidades de Processamento de Tensor)

As TPUs (Tensor Processing Units) são unidades de processamento especializadas desenvolvidas pela Google, especificamente projetadas para acelerar o treinamento de modelos de aprendizado profundo. Elas são otimizadas para trabalhar com o TensorFlow, uma das bibliotecas mais populares para aprendizado de máquina.

- **Por que as TPUs são importantes?** As TPUs são projetadas para lidar com grandes operações matriciais de maneira ainda mais eficiente do que as GPUs. Elas são especialmente úteis em tarefas que envolvem grandes redes neurais, como tradução automática ou processamento de grandes quantidades de dados de sensores.

- **Exemplo prático:** O Google usa TPUs em grande escala para treinar seus modelos de IA que alimentam sistemas como o Google Tradutor e o Google Fotos. Essas TPUs permitem que o treinamento seja feito muito mais rapidamente e em uma escala maior do que com GPUs convencionais.

- **Uso em IA:** Embora as TPUs sejam menos comuns fora dos centros de dados do Google, elas são uma ferramenta poderosa para empresas e pesquisadores que precisam processar grandes volumes de dados e treinar redes neurais profundas com extrema eficiência.

Computação em Nuvem

A computação em nuvem revolucionou o desenvolvimento de IA ao permitir que empresas e desenvolvedores acessem recursos computacionais de alta performance sem precisar investir em hardware caro. Plataformas de computação em nuvem, como Amazon Web Services (AWS), Google Cloud Platform (GCP) e Microsoft Azure, oferecem uma infraestrutura robusta para treinamento e implantação de modelos de IA.

Vantagens da Computação em Nuvem:

- **Escalabilidade:** As plataformas de nuvem permitem que você aumente ou diminua os recursos computacionais de acordo com a demanda. Se você precisar treinar um modelo enorme, pode simplesmente "alugar" mais GPUs ou TPUs por um determinado período.

- **Acessibilidade:** A nuvem democratizou o acesso a poder computacional. Mesmo pequenas startups podem usar a mesma infraestrutura de IA que grandes corporações, pagando apenas pelo que utilizam.

- **Colaboração:** A nuvem facilita o trabalho colaborativo, permitindo que equipes de diferentes partes do mundo acessem os mesmos dados e trabalhem no mesmo projeto de forma simultânea.

- **Exemplo prático:** Imagine que você é uma pequena empresa de tecnologia e precisa treinar um modelo de aprendizado de máquina para prever tendências de mercado. Em vez de comprar hardware caro, você pode utilizar a infraestrutura da nuvem, alugando o poder de processamento necessário por algumas horas ou dias, economizando tempo e dinheiro.

- **Uso em IA:** A computação em nuvem também permite que os modelos treinados sejam facilmente implantados em produção, servindo previsões para milhões de usuários em tempo real. Aplicações como assistentes virtuais e serviços de recomendação (Netflix, Spotify) dependem da nuvem para processar solicitações em grande escala.

Ambientes Distribuídos

Além de GPUs, TPUs e nuvem, outra abordagem comum para lidar com grandes volumes de dados e processamento pesado é o uso de computação distribuída. Em um ambiente distribuído, várias máquinas trabalham juntas, dividindo a carga de trabalho entre elas. Isso pode ser feito em clusters de servidores locais ou em plataformas de nuvem.

- **Por que a computação distribuída é útil?** À medida que os volumes de dados aumentam, mesmo uma única GPU ou TPU pode não ser suficiente. A computação distribuída permite que grandes conjuntos de dados sejam processados simultaneamente em várias máquinas, reduzindo significativamente o tempo necessário para tarefas como o treinamento de grandes redes neurais.

- **Exemplo prático:** O treinamento de modelos gigantescos como o GPT-3, um modelo de linguagem com bilhões de parâmetros requer a distribuição da carga de trabalho em milhares de máquinas ao mesmo tempo. Sem computação distribuída, esse treinamento levaria meses ou até anos.

Engenharia de Características

A engenharia de características (feature engineering) é o processo de transformar dados brutos em características (features) que podem ser usadas por um modelo de aprendizado de máquina. Esse é um dos passos mais importantes no desenvolvimento de modelos eficientes, pois a qualidade das características afeta diretamente a performance do modelo.

O Que São Características?

Uma característica é uma variável ou um atributo que pode ser usado para fazer previsões. Em um conjunto de dados de uma empresa, por exemplo, características podem incluir a idade de um cliente, seu histórico de compras, ou sua localização geográfica.

A engenharia de características envolve transformar esses dados brutos em uma forma que os algoritmos de aprendizado de máquina possam processar e entender melhor. Muitas vezes, os dados brutos não estão no formato ideal para treinar um modelo, então os cientistas de dados precisam ajustar, combinar ou criar novas características que possam ajudar a melhorar as predições.

Técnicas Comuns de Engenharia de Características

1. **Normalização e Padronização:**

- **Normalização:** Este é o processo de redimensionar os valores de características numéricas para um intervalo específico, geralmente entre 0 e 1. Isso é importante em algoritmos como redes neurais, onde grandes diferenças de escala entre características podem causar problemas no treinamento.

- **Padronização:** Refere-se a redimensionar os valores de modo que tenham uma média de 0 e um desvio padrão de 1. Isso é útil em algoritmos que assumem que os dados são distribuídos normalmente, como regressão linear ou redes neurais.

Exemplo prático: Se você estiver lidando com um conjunto de dados de preços de imóveis, onde o valor de uma casa pode variar de R$ 100 mil a R$ 5 milhões, a normalização ajudaria a trazer todos esses valores para um intervalo comum, facilitando o treinamento do modelo.

2. **Criação de Novas Características:**

- A criação de novas características envolve combinar ou transformar características existentes em algo que o modelo possa usar de maneira mais eficaz. Por exemplo, você pode multiplicar a altura e a largura de uma casa para criar uma nova característica que representa sua área total.

Exemplo prático: Em um conjunto de dados de veículos, além de usar o peso e o tamanho de um carro separadamente, você pode criar uma nova característica chamada "densidade do carro", dividindo o peso pelo volume. Isso pode fornecer informações mais úteis para prever o consumo de combustível.

3. **Codificação de Variáveis Categóricas:**

Muitos algoritmos de aprendizado de máquina trabalham apenas com números, então é necessário converter variáveis categóricas, como cores ou países, em uma forma numérica. Isso pode ser feito com técnicas como ***One-Hot Encoding***, onde cada categoria é representada como uma coluna separada de 0s e 1s.

Exemplo prático: Se você estiver lidando com um conjunto de dados de lojas em diferentes cidades, uma variável categórica "cidade" pode ser transformada em várias colunas, uma para cada cidade, com 1 indicando que a loja está localizada naquela cidade e 0 indicando que não está.

4. Redução de Dimensionalidade:

Em conjuntos de dados com um grande número de características, nem todas são igualmente importantes para o modelo. A redução de dimensionalidade é uma técnica usada para reduzir o número de características sem perder muita informação. Isso pode ser feito com métodos como **Análise de Componentes Principais (PCA)**, que cria uma versão compacta do conjunto de características original.

Exemplo prático: Em um conjunto de dados de milhares de características, a PCA pode condensar esses milhares de colunas em um conjunto menor, permitindo que o modelo trabalhe mais eficientemente e evitando overfitting.

Técnicas de Regularização

Uma das maiores preocupações ao treinar um modelo de aprendizado de máquina é o overfitting, ou seja, quando o modelo se ajusta tão bem aos dados de treinamento que ele perde a capacidade de generalizar para novos dados. Isso pode resultar em previsões muito precisas nos dados que o modelo já "conhece", mas que são imprecisas quando o modelo é aplicado em situações do mundo real.

As técnicas de regularização são estratégias usadas para combater o overfitting, forçando o modelo a ser mais simples ou menos sensível a pequenos detalhes que podem ser irrelevantes. Ao fazer isso, o modelo se torna mais capaz de fazer previsões precisas em dados que nunca viu antes.

Principais Técnicas de Regularização

1. **Regularização L1 e L2**

Essas duas são as formas mais comuns de regularização, e ambas funcionam penalizando os pesos do modelo para forçar uma simplicidade maior.

L1 (Lasso): A regularização L1 penaliza a soma dos valores absolutos dos pesos do modelo. Isso força o modelo a reduzir ou zerar muitos dos pesos, o que leva à esparsidade. Um modelo esparso é aquele onde muitos dos parâmetros são exatamente zero, o que o torna mais simples e fácil de interpretar.

Exemplo prático: Imagine que você está criando um modelo para prever o preço de imóveis com base em várias características, como número de quartos, área, idade da casa, localização, entre outros. Se algumas dessas características não são muito relevantes, a regularização L1 pode reduzir os pesos dessas características a zero, eliminando-as efetivamente da equação e deixando o modelo mais simples e eficiente.

L2 (Ridge): A regularização L2 penaliza a soma dos quadrados dos pesos do modelo. Em vez de forçar os pesos a zero, como a regularização L1, a L2 tende a manter todos os pesos pequenos não os eliminando completamente. Isso faz com que o modelo seja mais equilibrado, sem depender excessivamente de uma única característica.

Exemplo prático: Voltando ao exemplo dos preços de imóveis, a regularização L2 ajudaria a garantir que o modelo não dependa fortemente de apenas uma característica, como o número de quartos, mas que leve em consideração todas as variáveis de maneira equilibrada. Isso ajuda a evitar que o modelo seja muito sensível a pequenas variações em um único fator.

2. Dropout

O dropout é uma técnica amplamente usada em redes neurais para prevenir o overfitting. Ele funciona "desativando" aleatoriamente uma porcentagem dos neurônios durante o treinamento, o que impede que a rede dependa muito de qualquer neurônio individual. No treinamento de uma rede neural profunda, uma camada com dropout pode desativar, por exemplo, 20% dos neurônios a cada rodada de treinamento.

Como funciona? Durante o treinamento, em cada interação, um subconjunto dos neurônios é temporariamente removido da rede fazendo com que os neurônios "desligados" não participam daquele ciclo. Isso força o modelo a aprender representações mais robustas, já que ele não pode confiar apenas em uma pequena parte da rede.

Exemplo prático: Em um modelo de reconhecimento de imagens, se uma parte da rede se tornar muito dependente de características específicas de um conjunto de treinamento, como reconhecer sempre a cor de fundo da imagem, o dropout ajuda a diversificar o aprendizado. Isso faz com que o modelo preste atenção a outras características mais gerais, como forma e textura, em vez de apenas detalhes irrelevantes.

Aplicação prática: O dropout é muito utilizado em redes neurais convolucionais (CNNs) para tarefas como reconhecimento facial e classificação de imagens. Em aplicativos como o Facebook ou o Google Fotos, onde milhões de imagens precisam ser processadas, o uso de dropout ajuda a garantir que o modelo reconheça rostos com diferentes iluminações e ângulos, em vez de se fixar em detalhes específicos de uma única imagem.

3. Early Stopping

O early stopping é uma técnica simples, mas poderosa, para evitar o overfitting em modelos de aprendizado de máquina. Em vez de continuar treinando o modelo até que ele tenha "aprendido demais" os dados de treinamento, o treinamento é interrompido assim que o desempenho no conjunto de validação começa a piorar.

Como funciona? Durante o treinamento, o desempenho do modelo é monitorado tanto no conjunto de treinamento quanto no conjunto de validação. Quando o modelo começa a ter um desempenho pior no conjunto de validação, indicando que está se ajustando demais aos dados de treinamento, o treinamento é interrompido. Isso evita que o modelo continue "decorando" os dados de treinamento, mantendo sua capacidade de generalizar para novos dados.

Exemplo prático: Suponha que você está treinando um modelo para prever o risco de inadimplência de clientes com base em seu histórico financeiro. Se o modelo for treinado por muito tempo, ele pode acabar aprendendo padrões específicos que são verdadeiros apenas no conjunto de treinamento, mas que não se aplicam a outros clientes. O early stopping interrompe o treinamento assim que o modelo começa a apresentar sinais de overfitting.

Aplicação prática: O early stopping é muito usado em cenários onde o tempo de treinamento é um fator crítico, como em competições de aprendizado de máquina ou em empresas que precisam implantar modelos rapidamente. A técnica garante que o modelo esteja bem ajustado sem desperdiçar tempo e recursos em treinamento desnecessário.

4. Data Augmentation (Aumento de Dados)

Outra maneira eficaz de prevenir o overfitting, especialmente em aprendizado profundo, é o data augmentation. Essa técnica envolve a criação de novos exemplos de dados de treinamento com base em pequenas modificações nos dados existentes. Isso ajuda a aumentar o tamanho do conjunto de treinamento, sem a necessidade de coletar novos dados.

Como funciona? No data augmentation, as imagens, por exemplo, podem ser ligeiramente rotacionadas, espelhadas, ampliadas ou alteradas em termos de cor e brilho, criando novas versões das imagens originais. Isso força o modelo a aprender características mais gerais, em vez de se fixar em detalhes específicos dos dados de treinamento.

Exemplo prático: Imagine que você está treinando um modelo de reconhecimento de objetos com um pequeno conjunto de imagens de carros. Para aumentar a variedade dos dados de treinamento, você pode aplicar data augmentation, criando novas imagens com pequenas rotações ou alterando a iluminação. Isso força o modelo a aprender a reconhecer carros em diferentes condições, tornando-o mais robusto.

Aplicação prática: O data augmentation é amplamente utilizado em tarefas de visão computacional, como no treinamento de modelos para veículos autônomos. Carros autônomos precisam reconhecer objetos em diversas condições de iluminação, clima e ângulos de visão. Aumentar os dados de treinamento com pequenas modificações nas imagens ajuda a garantir que o modelo possa lidar com essas variações no mundo real.

5. Regularização de Batch Normalization

O Batch Normalization (ou normalização de lotes) é uma técnica que normaliza as ativações de uma rede neural em cada camada, antes de passá-las para a próxima. Isso ajuda a estabilizar e acelerar o treinamento da rede.

Como funciona? Durante o treinamento, cada mini-lote de dados é normalizado, o que ajuda a garantir que a rede esteja aprendendo com valores de ativação que estão em uma faixa controlada. Isso reduz a chance de que certos neurônios tenham valores de ativação extremos, o que pode causar instabilidade no treinamento.

Exemplo prático: Suponha que você está treinando uma rede neural para classificar fotos de diferentes raças de cães. Alguns neurônios podem ter ativações extremamente altas ou baixas durante o treinamento, o que pode causar problemas de convergência. O batch normalization corrige isso, garantindo que todas as ativações estejam em uma faixa controlada.

Aplicação prática: O batch normalization é amplamente usado em aprendizado profundo, especialmente em redes neurais convolucionais (CNNs) e redes neurais profundas em geral. Ele melhora tanto a velocidade de treinamento quanto a performance final do modelo, tornando-o mais estável e capaz de generalizar melhor.

As técnicas de regularização são essenciais para o desenvolvimento de modelos robustos e capazes de generalizar bem para novos dados. Sem regularização, os modelos de aprendizado de máquina correm o risco de overfitting, onde aprendem detalhes irrelevantes nos dados de treinamento, resultando em previsões imprecisas. Ao aplicar técnicas como L1, L2, dropout e data augmentation, cientistas de dados garantem que seus modelos sejam mais confiáveis e úteis no mundo real.

CAPITULO 3

Aplicações da IA (*AI*)

AI
AI

A Inteligência Artificial (IA) está se infiltrando em quase todos os aspectos da vida moderna, transformando a forma como interagimos com o mundo ao nosso redor. As aplicações da IA abrangem uma vasta gama de indústrias, incluindo a saúde, transporte, entretenimento, entre outros.

Saúde

Na área da saúde, a IA está promovendo uma revolução na forma como diagnósticos são feitos, tratamentos são oferecidos e a medicina preventiva é conduzida. A capacidade da IA de analisar grandes volumes de dados médicos rapidamente e com alta precisão está acelerando a detecção de doenças e melhorando os tratamentos.

Um exemplo notável é a empresa **Zebra Medical Vision** que desenvolveu um software de IA capaz de analisar exames médicos, como raios-X, tomografias e ressonâncias magnéticas, com uma precisão surpreendente. Esse tipo de tecnologia já está sendo utilizado em clínicas para detectar condições como câncer, doenças cardíacas e fraturas ósseas. Em alguns casos, a IA conseguiu identificar anomalias que poderiam passar despercebidas por um olho humano, o que resulta em diagnósticos mais rápidos e assertivos.

Além de análises de imagem, outro avanço significativo é o uso de assistentes virtuais e chatbots de IA para triagem de pacientes. Esses sistemas interativos podem fazer perguntas sobre os sintomas, fornecer respostas sobre questões de saúde comuns e até mesmo sugerir tratamentos iniciais ou a necessidade de procurar um profissional de saúde. Um exemplo é o chatbot Ada, que ajuda os pacientes a monitorarem sintomas e obterem orientações sobre possíveis condições de saúde com base nos dados inseridos.

Outro campo em que a IA está deixando sua marca é na medicina personalizada, onde a IA ajuda a analisar o genoma do paciente para recomendar tratamentos sob medida. Isso é extremamente valioso em terapias contra o câncer, por exemplo, onde a IA auxilia no desenvolvimento de tratamentos que levam em consideração as mutações genéticas específicas de cada tumor.

Transporte

O setor de transporte também está passando por uma grande transformação graças à IA. Um dos exemplos mais emblemáticos dessa mudança é o desenvolvimento de carros autônomos. Empresas como Tesla, Waymo (subsidiária da Alphabet) e Uber têm investido pesadamente em tecnologias de automação de veículos. Esses carros utilizam uma combinação de sensores, câmeras, radar e algoritmos de aprendizado profundo para navegar pelas ruas de forma autônoma, detectando pedestres, sinais de trânsito, veículos e obstáculos em tempo real.

Além de melhorar a experiência de condução, essas tecnologias visam reduzir drasticamente os acidentes de trânsito, que são, em sua maioria, causados por erro humano. Por exemplo, o sistema de "Autopilot" da Tesla já é capaz de conduzir um carro em rodovias, estacionar de forma autônoma e mudar de faixa, tudo sem a intervenção humana direta. O objetivo a longo prazo é criar veículos completamente autônomos que possam operar em qualquer ambiente de trânsito sem supervisão.

A IA também está transformando a logística e o transporte público. Empresas de entrega, como a Amazon e a FedEx, utilizam IA para otimizar rotas, prever tráfego e reduzir o tempo de entrega. O uso de drones autônomos e robôs de entrega, equipados com IA para evitar obstáculos e calcular as rotas mais rápidas, está se tornando uma realidade, melhorando ainda mais a eficiência.

Além disso, cidades inteligentes estão começando a utilizar IA em seus sistemas de transporte público. Esses sistemas podem prever a demanda em tempo real, ajustar os horários dos ônibus e trens, e até sugerir rotas alternativas em caso de congestionamento ou acidentes, melhorando a mobilidade urbana e a experiência dos passageiros.

Entretenimento

O entretenimento é outro setor que está se beneficiando imensamente da IA. A capacidade de personalização oferecida por plataformas de streaming como Netflix, Spotify e YouTube se deve em grande parte aos algoritmos de IA que analisam os hábitos de consumo dos usuários. Esses sistemas monitoram o histórico de visualização e escuta dos indivíduos, identificando padrões e preferências que permitem sugestões altamente personalizadas de filmes, séries, músicas e vídeos. Por exemplo, o algoritmo da Netflix é responsável por mais de 80% do conteúdo que os usuários assistem, mostrando a eficácia dessas recomendações.

Além da personalização de conteúdo, a IA também está sendo usada para criação de conteúdo. Ferramentas como o DALL-E, que cria imagens com base em descrições textuais, e o ChatGPT, que gera textos coerentes e criativos, estão sendo exploradas para produzir histórias, músicas e até roteiros de filmes. No mundo dos jogos eletrônicos, empresas estão utilizando IA para criar personagens mais inteligentes, que aprendem com as interações do jogador e oferecem uma experiência mais imersiva e desafiadora.

Um exemplo fascinante do uso de IA na criação de conteúdo é o projeto Amper Music, uma plataforma que utiliza IA para compor trilhas sonoras originais. Amper permite que qualquer pessoa, mesmo sem habilidades musicais, crie músicas personalizadas com base em parâmetros como o estilo, a duração e o tom. No futuro, podemos ver filmes, jogos e séries sendo criados em colaboração entre humanos e IA, ampliando ainda mais as fronteiras da criatividade.

Indústria e Manufatura

Na indústria e manufatura, a IA está desempenhando um papel crucial na automação de processos de produção e na gestão da cadeia de suprimentos. Máquinas inteligentes e robôs controlados por IA são utilizados em linhas de montagem para realizar tarefas repetitivas com alta precisão e eficiência. Empresas como a Siemens e a ABB Robotics estão na vanguarda dessa automação industrial. Esses sistemas podem prever falhas em máquinas antes que elas ocorram, realizando manutenção preventiva, o que reduz o tempo de inatividade e aumenta a produtividade.

Além disso, a IA é utilizada para otimizar processos logísticos, analisando grandes volumes de dados para melhorar o fluxo de materiais e produtos nas fábricas e armazéns. Sistemas de otimização de estoque baseados em IA ajudam as empresas a prever a demanda de produtos e ajustar seus níveis de estoque em tempo real, evitando desperdícios e garantindo que os produtos certos estejam disponíveis quando necessários.

Educação

No campo da educação, a IA está sendo aplicada para

personalizar o aprendizado e oferecer suporte individualizado aos alunos. Plataformas como o Khan Academy utilizam IA para adaptar o ritmo e o conteúdo das aulas às necessidades específicas de cada aluno, oferecendo exercícios e materiais que correspondem ao nível de conhecimento do estudante.

Sistemas de tutoria inteligentes, como o DreamBox e o Carnegie Learning, utilizam IA para monitorar o progresso do aluno em tempo real e fornecer feedback instantâneo, ajustando automaticamente o conteúdo e a dificuldade de acordo com o desempenho do aluno. Esses sistemas também podem prever onde os alunos podem ter dificuldades e fornecer suporte extra antes que eles fiquem muito para trás.

A IA também está sendo usada para análise preditiva nas instituições de ensino superior, ajudando a identificar alunos em risco de evasão com base em seus padrões de estudo, frequência e desempenho. Isso permite que as instituições ofereçam suporte adicional a esses alunos para melhorar a taxa de retenção.

Finanças

No setor financeiro, a IA é uma ferramenta poderosa para análise de dados, automação de processos financeiros e detecção de fraudes. Instituições financeiras como JPMorgan Chase e Goldman Sachs utilizam IA para analisar grandes volumes de dados de transações, identificando padrões suspeitos que podem indicar atividades fraudulentas. Esses sistemas são capazes de detectar fraudes em tempo real, protegendo os clientes de atividades ilegais.

Além disso, a IA está revolucionando o setor de gestão de investimentos. Algoritmos de negociação automatizada, também conhecidos como trading algorítmico, são amplamente utilizados no mercado financeiro para realizar negociações em alta velocidade, com base em dados e padrões identificados em frações de segundo. Plataformas como Betterment e Wealthfront oferecem serviços de robôs-consultores que utilizam IA para ajudar os investidores a criar e gerenciar carteiras de investimento personalizadas com base em seus objetivos financeiros e tolerância ao risco.

Agricultura

A agricultura moderna também está sendo transformada pela IA, com a introdução da chamada agricultura de precisão. Sensores inteligentes, drones e sistemas de IA baseados em análise de dados estão sendo usados para monitorar a saúde das plantações, prever pragas e otimizar o uso de recursos como água e fertilizantes.

A IA pode analisar imagens capturadas por drones sobre as plantações, detectando sinais de doenças ou estresse nas plantas muito antes de serem visíveis a olho nu. Isso permite que os agricultores tomem medidas corretivas rapidamente, aumentando a produtividade e minimizando o impacto ambiental. Além disso, robôs agrícolas equipados com IA podem realizar tarefas como colheita e plantio de forma autônoma, reduzindo a necessidade de trabalho manual intensivo.

Segurança e Vigilância

Na área de segurança, a IA está sendo utilizada em sistemas de vigilância inteligentes que podem analisar imagens de vídeo em tempo real para detectar atividades suspeitas. Esses sistemas são usados em aeroportos, shopping centers e até em cidades inteiras para melhorar a segurança pública. Por exemplo, a China utiliza IA em seu sistema de reconhecimento facial em larga escala, que permite a identificação de indivíduos em tempo real, ajudando a prevenir crimes e localizar suspeitos.

A IA também é aplicada em cibersegurança, onde algoritmos inteligentes podem detectar padrões de atividades maliciosas, como tentativas de invasão em redes corporativas. Plataformas de cibersegurança baseadas em IA, como o Darktrace, usam aprendizado de máquina para monitorar redes e identificar ameaças cibernéticas antes que elas causem danos significativos.

Comércio e Varejo

O comércio e o varejo também estão experimentando uma transformação significativa com a IA. As lojas online, como a Amazon, utilizam IA para personalizar a experiência de compra dos clientes, sugerindo produtos com base em suas compras anteriores e preferências. O sistema de recomendação da Amazon é um exemplo clássico de como a IA pode aumentar as vendas ao prever com precisão os produtos que os consumidores estão mais propensos a comprar.

Além disso, a IA está sendo utilizada para prever a demanda de produtos e otimizar os preços. Por exemplo, algoritmos de precificação dinâmica ajustam automaticamente os preços dos produtos com base em fatores como demanda, concorrência e condições econômicas em tempo real.

No varejo físico, lojas inteligentes como o Amazon Go e a Apple utilizam IA para eliminar filas e caixas registradoras. Essas lojas são equipadas com câmeras e sensores que rastreiam os produtos retirados das prateleiras pelos clientes e, automaticamente, cobram o valor das compras quando eles saem da loja, sem a necessidade de passar por um caixa.

Desafios Éticos e Sociais

Com todas essas inovações, surgem também desafios éticos e sociais que não podem ser ignorados. O uso de IA em diagnósticos médicos levanta questões sobre a privacidade dos dados dos pacientes e a responsabilidade em caso de erro. Nos transportes, a questão da responsabilidade em acidentes envolvendo carros autônomos ainda é um tema de debate. Além disso, o uso de IA no entretenimento pode levar a um consumo ainda mais passivo e à manipulação das preferências dos usuários, sem que eles percebam.

Essas questões exigem um equilíbrio cuidadoso entre inovação tecnológica e responsabilidade social. O futuro da IA promete ser emocionante, mas também exige uma reflexão profunda sobre como utilizamos essas ferramentas para melhorar a sociedade como um todo.

Material Extra

Além das aplicações nas diversas áreas práticas e industriais do nosso cotidiano, a IA está cada vez mais fazendo parte do processo de mudança de como as atividades na internet são geradas e concebidas. Com ferramentas que auxiliam no processo de criação de artes, textos, videos, audio, dentre outras, a IA vai se tornando cada vez mais próxima do ser humano, porém, temos que salientar que da mesma forma, o ser humano torna-se cada vez mais dependente da IA, utilizando-se cada vez menos o seu próprio poder de criação.

Na próxima página, trago uma lista de 50 links de ferramentas de IA para os curiosos e entusiastas, mas também para profissionais que precisam se atualizar com essas novas ferramentas.

Listagem de 50 ferramentas de IA com seus respectivos endereços completos:

aponte a câmera do seu celular para o QRCode e acesse a lista online

Ferramentas de Criação e Edição de Imagens, Vídeos e Áudio

DALL-E – Criação de imagens a patir de texto.
https://openai.com/dall-e
Canva – Edição e manipulação de fotos.
https://www.canva.com
Synthesia – Criação de vídeos com avatares virtuais.
https://www.synthesia.io
Lumen5 – Criação automática de vídeos a partir de textos.
https://www.lumen5.com
Descript – Edição de áudio e vídeo.
https://www.descript.com
Murf – Geração de vozes sintéticas realistas.
https://www.murf.ai
Lovo – Geração de vozes naturais.
https://www.lovo.ai
Remove.bg – Remoção automática de fundo de imagens.
https://www.remove.bg
HitPaw Photo Enhancer – Melhoria de qualidade de fotos.
https://www.hitpaw.com/photo-enhancer.html

Img2Go – Edição e conversão de imagens online.
https://www.img2go.com
PhotoRoom – Remoção de fundo e edição de fotos com IA.
https://www.photoroom.com
Artbreeder – Geração de arte e imagens por IA.
https://www.artbreeder.com
Voice AI – Geração de vozes para narrações e assistentes.
https://voice.ai
Deep Dream Generator – Criação de arte digital com IA.
https://deepdreamgenerator.com
Play.ht – Geração de áudio e narração com IA.
https://www.play.ht
Resemble AI – Criação de vozes customizadas com IA.
https://www.resemble.ai
AIVA – Criação de música com IA.
https://www.aiva.ai
Boomy – Composição automática de músicas.
https://www.boomy.com
Beatoven – Geração de música personalizada para vídeos.
https://www.beatoven.ai
Animoto – Criação de vídeos a partir de fotos e clipes.
https://animoto.com
Veed.io – Edição de vídeos com ferramentas de IA.
https://www.veed.io
Hotpot AI – Edição e criação de gráficos e arte.
https://hotpot.ai
Designify – Transformação e aprimoramento de imagens.
https://www.designify.com
Fotor – Edição de fotos e criação de arte digital.
https://www.fotor.com

BeFunky – Ferramentas de edição de fotos.
https://www.befunky.com
Pixlr – Editor de imagens online com ferramentas de IA.
https://pixlr.com
Deep Art Effects – Transformação de fotos em obras de arte.
https://deepart.io
Photo Enhancer AI – Melhoria de qualidade de fotos.
https://www.vanceai.com/photo-enhancer
D-ID – Criação de vídeos falados a partir de fotos.
https://www.d-id.com
Clideo – Ferramentas de edição de vídeo.
https://clideo.com
Wombo – Criação de vídeos musicais a partir de selfies.
https://www.wombo.art
Reface – Troca de rostos em vídeos e fotos.
https://reface.ai
Cleanup.pictures – Remoção automática de objetos em fotos.
https://cleanup.pictures
GauGAN – Criação de paisagens a partir de esboços.
https://nvidia-research-mingyuliu.com/gaugan
FaceApp – Transformação e edição de selfies.
https://www.faceapp.com
AI Painter – Geração de pinturas a partir de fotos.
https://aipainter.com
Emvoice – Criação de vozes cantadas.
https://emvoiceapp.com

Ferramentas de Texto e Tradução

Copy.ai – Geração automática de textos e conteúdos.
https://www.copy.ai

Jasper – Criação de conteúdos para blogs e redes sociais.
https://www.jasper.ai
DeepL – Tradução automática de alta qualidade.
https://www.deepl.com
Talk to Transformer – Geração automática de texto.
https://app.inferkit.com/demo
QuillBot – Parafraseador automático de textos.
https://quillbot.com
Paraphrase Online – Ferramenta de reescrita.
https://paraphrase.online
Grammarly – Correção e sugestão de estilo para textos.
https://www.grammarly.com
ProWritingAid – Ferramenta de aprimoramento de escrita.
https://prowritingaid.com
Slick Write – Análise gramatical e de estilo.
https://www.slickwrite.com

Ferramentas de Transcrição e Reconhecimento de Voz

Otter.ai – Transcrição automática de áudio e vídeo.
https://otter.ai
Scribe – Geração de transcrições e relatórios.
https://scribehow.com
LumenVox – Reconhecimento de fala.
https://www.lumenvox.com
Speechnotes – Transcrição de voz para texto em tempo real.
https://speechnotes.co

CAPITULO 4

Desafios e Limitações

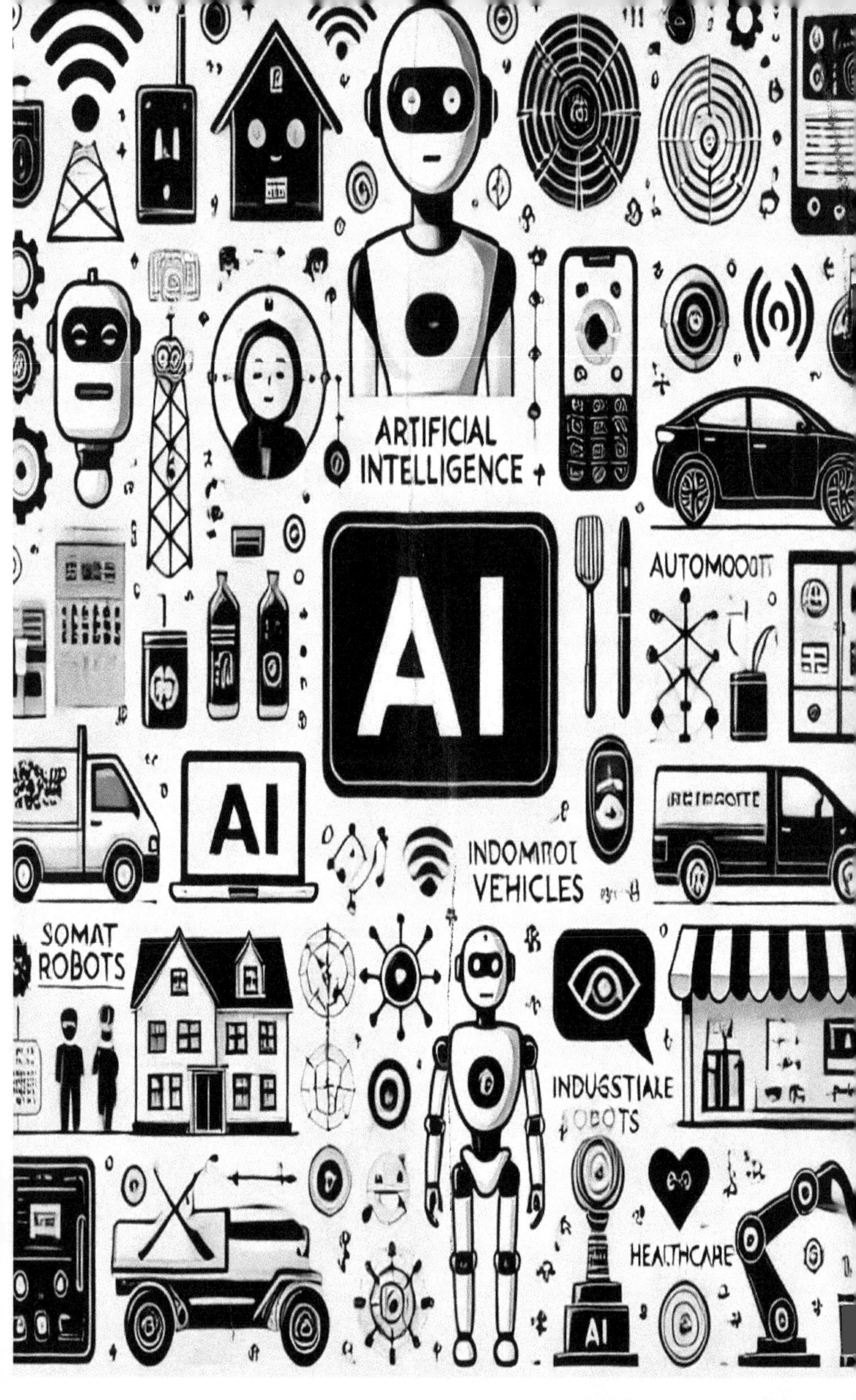
ARTIFICIAL INTELLIGENCE
AI
AUTOMOOOT
AI
INDOMROT VEHICLES
SOMAT ROBOTS
INDUGSTIALE
HEALTHCARE
AI

Inteligências Artificiais Existentes

A inteligência artificial (IA) é um campo vasto e dinâmico, o que torna difícil definir um número exato de inteligências artificiais existentes hoje. O termo "inteligência artificial" abrange uma ampla gama de sistemas, algoritmos e aplicações que vão desde simples chatbots até sofisticados sistemas de aprendizado profundo e redes neurais artificiais, usados em múltiplos setores. Novas formas de IA são constantemente desenvolvidas e implementadas em áreas como saúde, transporte, finanças, segurança e entretenimento, ampliando as possibilidades de inovação.

Podemos dividir as inteligências artificiais em diferentes categorias com base em sua complexidade e propósito:

IA Fraca ou IA Estreita (Narrow AI): Este é o tipo mais prevalente de IA, desenvolvida para executar tarefas específicas com alto desempenho. Exemplos incluem sistemas de reconhecimento de voz (como Siri ou Alexa), análise de dados em finanças, diagnósticos médicos auxiliados por IA e veículos autônomos. Embora esses sistemas sejam altamente especializados, sua capacidade é limitada à tarefa para a qual foram programados. Por exemplo, um sistema de IA que joga xadrez não pode ser adaptado para reconhecimento de imagens ou tradução de idiomas. A maioria das IA que utilizamos hoje, como em smartphones e assistentes virtuais, pertence a essa categoria, com milhares de aplicações em uso.

Inteligência Artificial Geral (AGI - Artificial General Intelligence): A AGI é o "Santo Graal" da IA, um conceito teórico que visa criar máquinas com capacidade de aprender, raciocinar e executar uma ampla gama de tarefas com a mesma eficiência e flexibilidade que o cérebro humano. Atualmente, a AGI é apenas uma meta a ser atingida no futuro e ainda está em fase de pesquisa. Caso se torne uma realidade, mudará completamente a relação entre humanos e tecnologia, já que esse tipo de IA teria autonomia para resolver problemas diversos sem depender de reprogramação humana.

IA Forte (Strong AI): Muitas vezes associada à AGI, a IA Forte vai além, imaginando sistemas de IA que não apenas desempenham tarefas intelectuais humanas, mas que também possuam consciência, sentimentos e uma compreensão subjetiva do mundo. Este conceito é frequentemente explorado em filmes e literatura de ficção científica, mas ainda não existe evidência científica ou técnica de que seja possível alcançar esse nível de sofisticação no futuro próximo.

Hoje, a maioria das IAs são "estreitas" e desenvolvidas para resolver problemas específicos. Com a crescente utilização de IA em diferentes setores, o número de sistemas implementados é incontável, abrangendo desde startups que desenvolvem soluções sob demanda até gigantes como Google, Amazon e Microsoft, que investem em IA para potencializar seus serviços.

Questões Éticas e Preconceitos

Com o aumento da integração da IA em nossas vidas diárias, surgem questões éticas cruciais. Um dos maiores desafios é o preconceito inerente aos dados utilizados para treinar os sistemas de IA. Como a IA depende de grandes volumes de dados para aprender e tomar decisões, qualquer preconceito presente nos dados pode ser reproduzido e até amplificado pelas IAs. Esse problema é evidente em diversas aplicações, como nos sistemas de reconhecimento facial, que apresentaram maior taxa de erro ao identificar pessoas de pele mais escura, gerando preocupações sobre discriminação racial.

Além do viés racial, outros tipos de preconceito, como os de gênero e socioeconômico, também podem ser involuntariamente incorporados nas IA, dependendo de como os dados são coletados e tratados. A dependência dos sistemas de IA em dados históricos pode perpetuar desigualdades existentes, a menos que sejam implementadas práticas rigorosas para diversificar e balancear os conjuntos de dados. Isso levanta uma questão importante: como garantir que as IAs sejam desenvolvidas de forma justa e imparcial? É necessário que os criadores de IA sejam conscientes dessas armadilhas e tomem medidas proativas para mitigar esses problemas, utilizando dados representativos e criando mecanismos de supervisão humana.

Transparência e Responsabilidade

Outro desafio significativo é a transparência. Muitos dos algoritmos de IA são verdadeiras "caixas-pretas", ou seja, mesmo os próprios desenvolvedores não conseguem explicar exatamente como a IA chegou a uma determinada decisão ou resultado. Esse fenômeno é especialmente problemático em sistemas que afetam diretamente a vida das pessoas, como diagnósticos médicos, decisões de crédito bancário ou o funcionamento de veículos autônomos.

A falta de transparência leva a sérios problemas de responsabilidade. Se um sistema de IA tomar uma decisão equivocada ou causar danos, quem será responsabilizado? Por exemplo, no caso de um acidente envolvendo um carro autônomo, a responsabilidade recai sobre o motorista, a empresa fabricante do carro, ou os engenheiros que programaram o sistema? A ausência de um entendimento claro sobre como as IAs tomam decisões dificulta a definição de responsabilidades legais e éticas.

Há um consenso crescente de que as empresas que desenvolvem IA devem adotar princípios de transparência e fornecer explicações claras sobre como seus sistemas funcionam, principalmente quando esses sistemas têm o potencial de afetar significativamente indivíduos ou a sociedade.

Limitações Tecnológicas

Embora as conquistas da IA sejam impressionantes, a tecnologia ainda apresenta várias limitações. Um dos principais obstáculos é a falta de compreensão contextual e emocional. Por exemplo, enquanto assistentes virtuais como Siri e Alexa podem responder a perguntas básicas, eles não compreendem o contexto emocional ou social por trás das interações humanas. A IA não possui empatia e não pode adaptar suas respostas com base em nuances humanas, o que limita sua eficácia em situações que exigem sensibilidade emocional.

Outra limitação significativa é a dependência de grandes volumes de dados para que a IA possa aprender e funcionar adequadamente. Em áreas onde os dados são limitados ou de baixa qualidade, a IA pode gerar resultados inadequados ou até perigosos. Isso é especialmente crítico em setores como saúde, onde erros podem ter consequências graves. Além disso, a capacidade de uma IA realizar inferências ou generalizações a partir de dados escassos ainda é um desafio em desenvolvimento.

A complexidade dos cálculos envolvidos em muitos sistemas de IA também exige poder computacional massivo, o que torna algumas soluções inacessíveis para determinadas regiões ou setores com menos recursos. Além disso, a IA atual ainda é vulnerável a ataques adversários, nos quais pequenos ajustes nos dados de entrada podem enganar o sistema, causando decisões erradas.

O Futuro da IA: Superando os Desafios

Apesar das limitações atuais, a pesquisa em IA continua avançando rapidamente, com esforços focados em superar essas barreiras. O desenvolvimento de IAs mais transparentes e explicáveis, a chamada "IA explicável", é uma área ativa de pesquisa, assim como técnicas para reduzir o viés nos dados de treinamento. Além disso, o avanço da computação quântica pode ajudar a resolver os problemas relacionados ao poder computacional, permitindo que sistemas de IA mais complexos sejam desenvolvidos e aplicados.

Por fim, a regulamentação e a governança da IA serão fundamentais para garantir que a tecnologia seja desenvolvida e implementada de maneira ética e segura. Muitos governos e organizações internacionais já estão começando a considerar legislações que tratem das responsabilidades e limites do uso de IA, ajudando a mitigar riscos futuros e garantir que os benefícios da IA sejam amplamente distribuídos.

CAPITULO 5

Interação Humano-IA

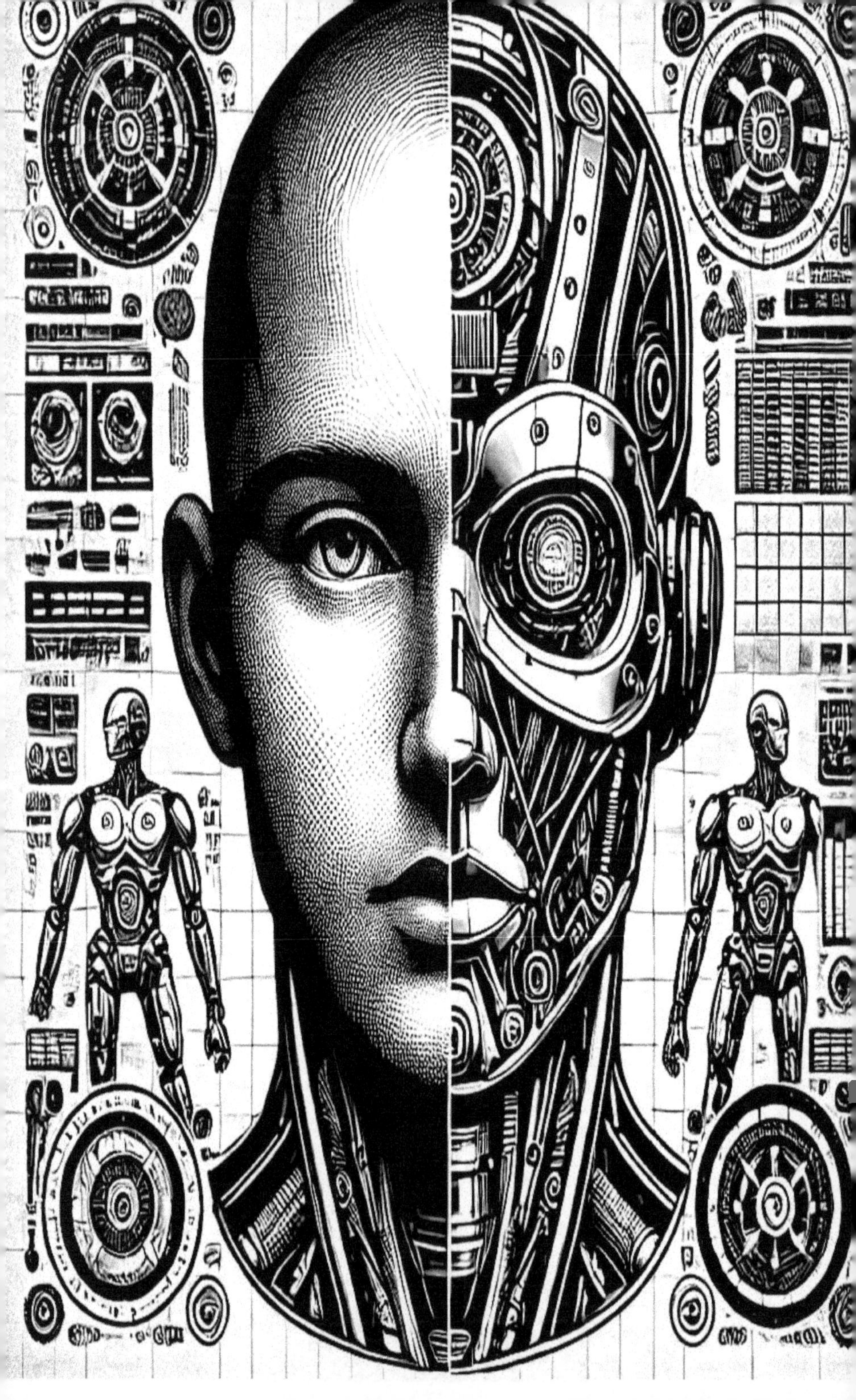

Como a IA Pode Influenciar Nossas Decisões

A interação entre humanos e inteligência artificial (IA) está se tornando cada vez mais onipresente, desempenhando um papel crucial em diversas áreas de nossas vidas. À medida que a IA continua a evoluir, seus impactos vão além de simplesmente facilitar tarefas; ela tem a capacidade de influenciar diretamente nossas escolhas e decisões, muitas vezes de maneira imperceptível.

A forma como nos relacionamos com a tecnologia e como ela nos apresenta opções pode moldar nossas preferências, crenças e comportamentos. A IA, com seus algoritmos de aprendizado contínuo, analisa grandes volumes de dados pessoais e contextuais para prever, sugerir e até manipular o que pensamos e fazemos.

Por exemplo, quando utilizamos motores de busca como Google, os resultados que nos são apresentados não são aleatórios; são cuidadosamente filtrados e organizados por algoritmos que priorizam determinadas informações com base em nosso histórico de navegação, localização geográfica, preferências e tendências sociais. Isso significa que a IA pode direcionar o que você vê, limitando ou ampliando seu acesso à informação, moldando assim a percepção do que é importante e influenciando suas decisões diárias.

Essa influência da IA não se limita a atividades triviais, como encontrar um restaurante ou escolher um filme. Ela também está presente em áreas mais críticas, como política e educação. Nas redes sociais, algoritmos refinados mostram conteúdos que reforçam nossas opiniões existentes, podendo criar polarizações e reforçar vieses. Isso não só molda comportamentos e decisões individuais, mas também tem o potencial de influenciar eventos em escala global, como eleições, movimentos sociais e decisões de mercado.

Exemplos de Interação Cotidiana

Compras Online: Ao navegar em sites de e-commerce, você é bombardeado por recomendações de produtos geradas por algoritmos de IA. Esses sistemas analisam seu histórico de compras, tempo de navegação, itens que você colocou no carrinho e até mesmo o comportamento de outros usuários com perfis semelhantes ao seu. O resultado é uma experiência de compra altamente personalizada, onde produtos são exibidos de maneira estratégica, induzindo você a tomar decisões mais impulsivas. Muitas vezes, você compra itens que não havia planejado, influenciado pelo marketing direcionado e pela facilidade com que esses produtos aparecem em sua tela.

Notícias Personalizadas: Plataformas de notícias e redes sociais, como Facebook, Twitter e Google News, utilizam IA para filtrar e personalizar o conteúdo que você vê. Essas plataformas levam em consideração o que você leu anteriormente, em quais notícias clicou e até mesmo quanto tempo passou em cada página. O efeito disso é a criação de uma "bolha de filtro", onde você acaba exposto apenas a informações que reforçam suas crenças e visões de mundo já existentes. Com o tempo, isso pode reduzir sua exposição a ideias opostas, limitando sua capacidade de ver outras perspectivas e reforçando polarizações sociais e políticas.

Assistência em Tarefas: Assistentes virtuais como Siri, Alexa e Google Assistant se tornaram uma parte integral de nosso cotidiano, ajudando a organizar compromissos, gerenciar agendas e executar comandos simples. Embora eles sejam projetados para aumentar nossa eficiência, também podem levar a uma dependência excessiva da tecnologia para tomadas de decisão rotineiras. Isso pode resultar na perda gradual da capacidade de fazer escolhas de maneira crítica e independente, à medida que confiamos cada vez mais nos conselhos e sugestões da IA.

Saúde e Bem-estar: No campo da saúde, a IA está desempenhando um papel cada vez maior, desde diagnósticos assistidos por IA até aplicativos que monitoram a dieta e o sono. Aplicativos de saúde utilizam IA para analisar dados de nossos hábitos diários e oferecer recomendações personalizadas para melhorar nossa saúde e bem-estar. No entanto, essas sugestões, muitas vezes apresentadas como "ideais", podem influenciar nossos comportamentos, sugerindo mudanças de estilo de vida com base em modelos estatísticos, que nem sempre refletem as necessidades individuais de cada pessoa.

Impactos mais amplos:

A interação entre IA e humanos é uma faca de dois gumes. De um lado, a IA pode aumentar drasticamente a eficiência, personalizar serviços e facilitar nossa vida cotidiana. De outro, a IA pode ter consequências mais complexas e até preocupantes, influenciando nossas escolhas e decisões sem que tenhamos plena consciência disso. Quando deixamos que a IA filtre o que vemos e o que consideramos, corremos o risco de perder nossa autonomia e capacidade crítica.

Além disso, a ética da utilização da IA torna-se cada vez mais relevante. À medida que as empresas e governos utilizam algoritmos para prever e manipular comportamentos, surgem questões sobre privacidade, liberdade de escolha e controle de informação. Os dados que alimentam esses sistemas são muitas vezes recolhidos sem o consentimento explícito dos usuários, criando uma base de poder concentrada nas mãos de poucos que controlam essas tecnologias.

O desafio está em encontrar um equilíbrio entre aproveitar os benefícios da IA e manter a autonomia e o controle sobre nossas decisões. É fundamental que nos tornemos mais conscientes do impacto que a IA tem em nossas vidas e que possamos utilizar essa tecnologia de maneira sadia e ética.

CAPITULO 6

O Futuro da IA

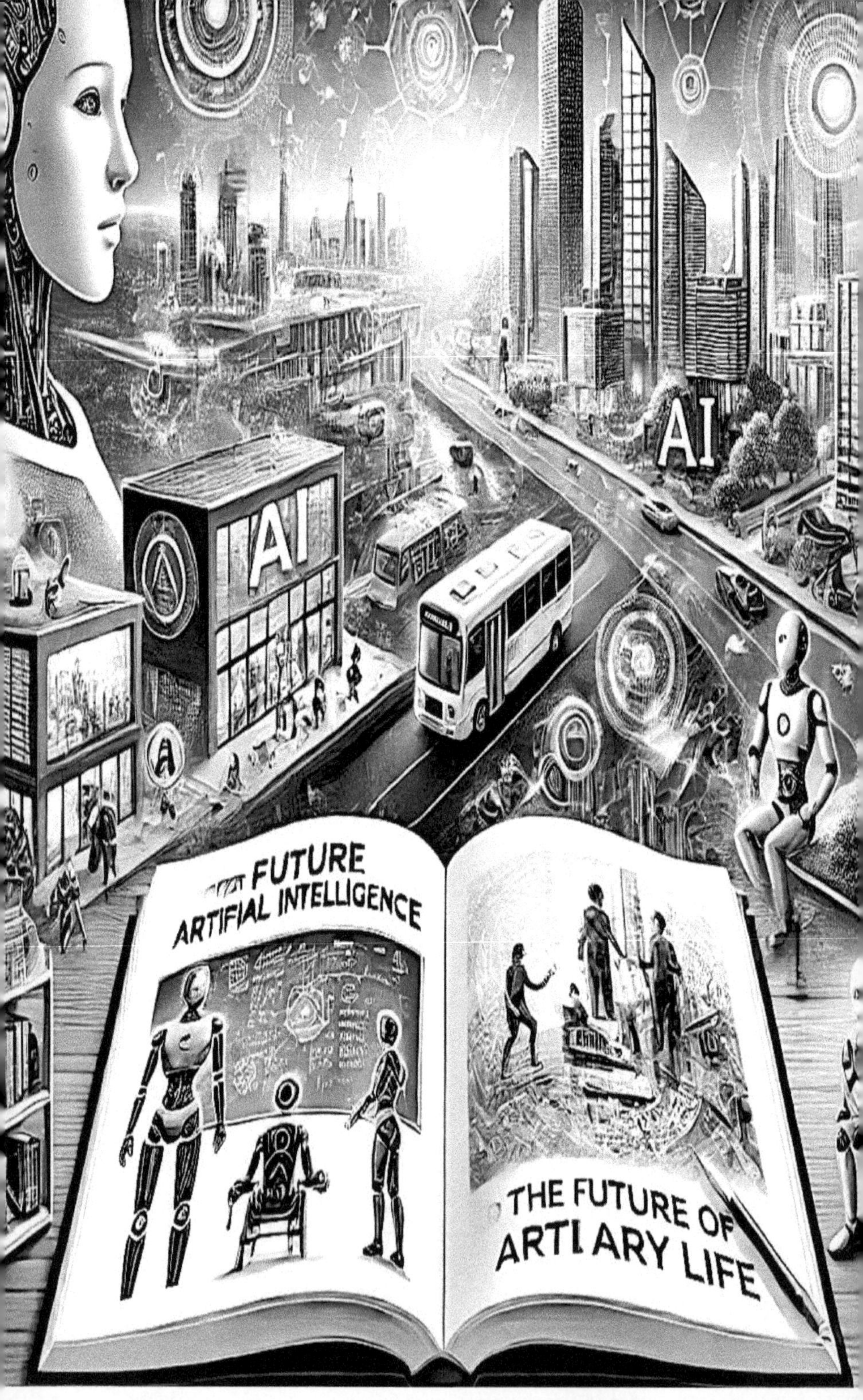
AI
AI
AI
FUTURE
ARTIFIAL INTELLIGENCE
THE FUTURE OF
ARTI ARY LIFE

Tendências e Inovações Esperadas

O futuro da inteligência artificial (IA) promete uma revolução em diversas áreas da vida cotidiana, transformando a maneira como vivemos, trabalhamos e interagimos com o mundo ao nosso redor. À medida que a tecnologia continua a evoluir, surgem oportunidades sem precedentes para melhorar processos, otimizar recursos e resolver problemas complexos de maneira mais eficiente. Inovações baseadas em IA, que até pouco tempo atrás pareciam ficção científica, já estão sendo implementadas em diversas indústrias e serão responsáveis por avanços significativos em vários setores nos próximos anos.

Saúde Personalizada: Uma das áreas de maior expectativa em relação à IA é a medicina, que está à beira de uma transformação radical com a personalização dos tratamentos de saúde. A IA possibilitará o desenvolvimento de tratamentos altamente personalizados, baseados em dados genéticos, comportamentais e ambientais de cada paciente. Em vez de abordagens genéricas para doenças, os algoritmos de IA serão capazes de analisar o DNA, identificar padrões em grandes volumes de dados clínicos e sugerir terapias adaptadas às necessidades individuais. Isso resultará em tratamentos mais eficazes, com menores riscos de efeitos colaterais e melhores resultados a longo prazo.

Por exemplo, no combate ao câncer, terapias personalizadas baseadas no sequenciamento genômico já estão sendo desenvolvidas, permitindo que os médicos ataquem tumores de maneira mais precisa e menos invasiva.

Além disso, a IA auxiliará no diagnóstico precoce de doenças, por meio da análise de exames de imagem, histórico médico e sinais vitais monitorados em tempo real por dispositivos wearables (dispositivos para vestir).

Com isso, os médicos poderão intervir mais cedo e evitar o agravamento de condições de saúde, proporcionando maior qualidade de vida e aumentando as taxas de sobrevivência em doenças crônicas.

Cidades Inteligentes: Outro campo promissor para a IA é o conceito de cidades inteligentes. A aplicação da IA na infraestrutura urbana pode otimizar a maneira como vivemos nas grandes metrópoles, criando ambientes mais eficientes, sustentáveis e confortáveis. A integração de sistemas de transporte público, redes elétricas, controle de tráfego e gerenciamento de resíduos com IA permitirá a otimização desses serviços.

Por exemplo, sistemas de transporte inteligente poderão ajustar automaticamente o tráfego para reduzir congestionamentos e melhorar a mobilidade, utilizando dados em tempo real sobre o fluxo de veículos e pedestres. A iluminação pública poderá ser controlada de maneira inteligente, economizando energia e aumentando a segurança.

Além disso, sensores conectados e monitorados por IA poderão garantir uma gestão de resíduos mais eficiente, minimizando o impacto ambiental e os custos operacionais. Em países como Cingapura, já se está investindo pesado em iniciativas de cidades inteligentes, onde a IA é usada para monitorar e gerir tudo, desde a eficiência dos transportes até o uso da energia e a manutenção de prédios.

Sustentabilidade e Mudanças Climáticas: No campo da sustentabilidade, a IA desempenhará um papel vital na luta contra as mudanças climáticas e na promoção de práticas mais ecológicas. Algoritmos de IA já estão sendo usados para prever padrões climáticos, monitorar a saúde dos ecossistemas e otimizar o uso de recursos naturais. No futuro, podemos esperar que a IA ajude a otimizar as redes de energia, permitindo um uso mais eficiente de fontes renováveis, como energia solar e eólica. A IA será capaz de prever a demanda energética e equilibrar automaticamente o fornecimento, reduzindo o desperdício e promovendo o uso sustentável dos recursos.

Além disso, sistemas de IA poderão monitorar em tempo real as florestas e os oceanos, ajudando a detectar atividades ilegais, como desmatamento e pesca predatória, e a proteger a biodiversidade. Algoritmos também serão essenciais para a otimização da agricultura de precisão, onde o uso de água, fertilizantes e pesticidas será ajustado de forma inteligente, melhorando a produção de alimentos e reduzindo o impacto ambiental.

O Papel da IA na Sociedade

Com o avanço da IA e sua crescente presença em todos os setores da economia, o impacto dessa tecnologia na sociedade será profundo e de longo alcance. A automação, em particular, promete transformar o mercado de trabalho de maneira irreversível, criando novas oportunidades e, ao mesmo tempo, levantando desafios significativos.

Automação e o Mercado de Trabalho: À medida que a IA avança, muitas tarefas repetitivas e rotineiras poderão ser automatizadas, substituindo o trabalho humano em áreas como manufatura, logística, atendimento ao cliente e até mesmo em profissões de nível mais alto, como análise de dados e diagnósticos médicos. Enquanto isso, novas funções e empregos serão criados, exigindo habilidades mais especializadas, como a capacidade de programar, interpretar e trabalhar com sistemas baseados em IA.

Esse processo, no entanto, traz preocupações legítimas sobre o futuro do trabalho. Profissões que dependem de tarefas manuais ou repetitivas podem sofrer com a substituição pela automação, levando à perda de empregos em alguns setores. Para lidar com isso, será essencial que governos, empresas e instituições de ensino invistam na educação e requalificação da força de trabalho. A transição para um mercado de trabalho em que a IA desempenha um papel central exigirá que os trabalhadores adquiram novas habilidades, especialmente nas áreas de tecnologia, ciência de dados e pensamento crítico.

Questões Éticas e Sociais: Conforme a IA se torna uma força motriz na sociedade, emergem importantes questões éticas e sociais. Quem será responsável pelas decisões tomadas por sistemas de IA? Como garantir que essas tecnologias não perpetuem vieses e desigualdades? Esses são apenas alguns dos dilemas que precisarão ser abordados. É crucial que os desenvolvedores de IA e os legisladores trabalhem juntos para criar regulamentações que garantam o uso ético e transparente da IA, protegendo a privacidade dos usuários e evitando abusos.

O futuro da inteligência artificial é, ao mesmo tempo, repleto de promessas e desafios. À medida que continuamos a explorar as possibilidades oferecidas pela IA, será fundamental enfrentar as questões éticas, sociais e econômicas que surgirão. A IA tem o potencial de transformar positivamente a sociedade, mas é nossa responsabilidade garantir que essa transformação seja inclusiva, equitativa e sustentável.

CAPITULO 7

Regulação e Governança

AI
AI
AI

A Importância de Regulamentar a IA

Com a rápida expansão da inteligência artificial (IA) em todos os aspectos de nossas vidas, desde as interações cotidianas até as decisões críticas em setores como saúde, transporte e finanças, a necessidade de regulamentação e governança se torna cada vez mais presente. A IA não é apenas uma ferramenta neutra; ela tem o potencial de transformar profundamente a sociedade, alterando a forma como lidamos com questões de privacidade, segurança, ética e direitos humanos. Sem uma estrutura regulatória adequada, a adoção indiscriminada de IA pode trazer riscos significativos, incluindo violações de privacidade, discriminação e falta de transparência em decisões automatizadas. À medida que a IA se torna mais sofisticada e sua integração em sistemas públicos e privados aumenta, torna-se crucial que governos, empresas e sociedade civil trabalhem juntos para desenvolver diretrizes claras e robustas que protejam os interesses dos cidadãos e promovam o uso ético e responsável dessa tecnologia emergente.

Proteção de Dados:

Um dos aspectos mais sensíveis e críticos da regulamentação da IA está relacionado à proteção de dados pessoais. A IA, para funcionar de maneira eficiente, depende da coleta e análise de grandes volumes de dados, incluindo informações altamente sensíveis sobre o comportamento, preferências, saúde e localização dos indivíduos. Com o uso crescente de tecnologias como reconhecimento facial, assistentes virtuais e sistemas de vigilância, surge o risco de violações de privacidade em escala massiva, se essas informações forem manipuladas de maneira inadequada ou abusiva.

Regulamentações como o **Regulamento Geral sobre a Proteção de Dados (GDPR)**, implementado na União Europeia, representam um marco importante na defesa da privacidade individual. O GDPR impõe regras rigorosas sobre a coleta, processamento e armazenamento de dados pessoais, garantindo que os cidadãos tenham controle sobre suas informações. O regulamento estabelece diretrizes claras para o consentimento do uso de dados, a transparência em como eles são utilizados e o direito dos indivíduos de acessarem, corrigirem e apagarem seus dados.

Em outras partes do mundo, muitos países estão se inspirando no GDPR para criar suas próprias legislações de proteção de dados, reconhecendo que, sem essas salvaguardas, a IA pode ser explorada de maneira abusiva, comprometendo os direitos e liberdades individuais. A falta de regulamentação adequada pode resultar na exploração indevida de dados pessoais por empresas e governos, com consequências que variam desde a invasão de privacidade até o uso discriminatório dessas informações.

Responsabilidade e Accountability:

Outro pilar fundamental da regulamentação da IA é a definição clara de responsabilidades. À medida que os sistemas de IA assumem decisões cada vez mais autônomas, surge uma questão crucial: quem é responsável quando algo dá errado? Se um carro autônomo causar um acidente ou se um sistema de IA for tendencioso e discriminatório em processos de seleção de emprego ou aprovação de crédito, quem será responsabilizado por esses erros?

Determinar a responsabilidade em casos envolvendo IA é um desafio complexo, especialmente porque essas tecnologias são frequentemente desenvolvidas por equipes e empresas que podem estar distribuídas globalmente.

A responsabilização precisa ser abordada em várias frentes, incluindo os desenvolvedores que criam os algoritmos, as empresas que implantam essas tecnologias e os governos que supervisionam seu uso.

Uma regulamentação adequada deve garantir que todos os envolvidos no desenvolvimento e na implementação da IA sejam responsáveis por seu impacto. Isso pode incluir auditorias obrigatórias de algoritmos para verificar se eles são justos, transparentes e não perpetuam preconceitos.

Mecanismos legais precisam ser estabelecidos para garantir que as vítimas de erros ou abusos relacionados à IA possam buscar reparação.

A falta de accountability pode minar a confiança pública na IA e levar a um uso irresponsável da tecnologia.

Transparência e Ética:

A transparência no funcionamento de sistemas de IA é outra preocupação crescente. Muitas vezes, algoritmos de IA operam como "caixas pretas", onde as decisões são tomadas sem que os usuários ou mesmo os desenvolvedores compreendam completamente como os resultados são alcançados. Vemos muito isso em redes sociais onde conteúdos são banidos ou usuários tomam punições sem saber o que aconteceu. Isso pode ser particularmente problemático em áreas críticas, como saúde, justiça criminal e finanças, onde decisões automatizadas podem ter impactos profundos e potencialmente prejudiciais na vida das pessoas.

É essencial que as regulamentações exijam maior transparência nos sistemas de IA, incluindo a necessidade de que os desenvolvedores divulguem como seus algoritmos funcionam e quais dados estão sendo usados.

Diretrizes éticas devem ser desenvolvidas para garantir que a IA seja usada de maneira justa, respeitando os direitos humanos e promovendo a equidade.

Exemplos de Políticas em Diferentes Países

Diversos países já começaram a enfrentar os desafios regulatórios da IA, cada um adotando abordagens distintas com base em suas realidades sociais, econômicas e políticas.

Estados Unidos: Nos Estados Unidos, a regulamentação da IA ainda está em fase de desenvolvimento, com discussões focadas em equilibrar a inovação com a proteção dos direitos dos cidadãos. O governo tem adotado uma abordagem mais descentralizada, permitindo que diferentes estados e indústrias criem suas próprias diretrizes, enquanto a Casa Branca propõe frameworks gerais para a ética e a transparência no uso de IA. Embora haja um forte incentivo para manter a liderança no desenvolvimento tecnológico global, os legisladores estão cada vez mais conscientes dos riscos relacionados à privacidade, discriminação e responsabilidade. O desafio é criar um ambiente regulatório que promova a inovação, mas que também proteja os indivíduos de abusos e práticas irresponsáveis.

União Europeia: A União Europeia tem liderado os esforços globais em regulamentação de IA, com a Comissão Europeia propondo um regulamento abrangente e pioneiro. A proposta de regulação da IA da UE classifica os sistemas de IA com base em níveis de risco - desde baixo até inaceitável - e impõe regras rígidas para garantir o uso responsável da tecnologia. Sistemas de IA considerados de "alto risco", como aqueles usados em segurança pública, infraestrutura crítica e direitos fundamentais, estarão sujeitos a requisitos rigorosos de transparência, auditoria e supervisão.

A UE também se preocupa em garantir que a IA não perpetue discriminação ou violação de direitos humanos, estabelecendo um equilíbrio entre inovação tecnológica e proteção social.

China: Por outro lado, a China tem adotado uma abordagem agressiva no desenvolvimento e implementação de IA, integrando-a amplamente em áreas como segurança pública, vigilância e governança. No entanto, essa adoção vem acompanhada de preocupações sobre a privacidade e o uso ético da tecnologia, especialmente com o uso de sistemas de reconhecimento facial e monitoramento em massa.

O governo chinês tem investido fortemente na IA como uma prioridade nacional, mas a falta de diretrizes robustas sobre privacidade e transparência levanta questões sobre os impactos de longo prazo desse modelo de governança.

À medida que a inteligência artificial se torna uma parte central de nossas vidas, a regulamentação e a governança dessa tecnologia se tornam cruciais. Governos, empresas e cidadãos devem trabalhar juntos para desenvolver políticas que garantam que a IA seja usada de maneira justa, ética e responsável. O futuro da IA pode ser brilhante, mas é necessário que todos os stakeholders (partes interessadas) se envolvam ativamente para garantir que essa tecnologia beneficie a sociedade como um todo, sem comprometer os direitos e liberdades fundamentais.

CAPITULO 8

Educação e Conscientização

AI
AI
AI

Como Educar sobre IA

A educação sobre inteligência artificial (IA) é um pilar fundamental para garantir que as futuras gerações estejam preparadas para um mundo cada vez mais tecnológico e interconectado. Em um cenário em que a IA influencia diversos aspectos da vida cotidiana, desde as escolhas de consumo até a saúde e a economia, é essencial que as pessoas não apenas entendam o funcionamento da IA, mas também sejam capacitadas a refletir sobre suas implicações éticas, sociais e culturais.

A educação sobre IA deve ser abrangente, abordando tanto o lado técnico quanto o impacto da IA na sociedade. Isso significa que o ensino não deve se limitar à programação e ao desenvolvimento de algoritmos, mas também incluir discussões sobre questões éticas, privacidade, responsabilidade, transparência e os potenciais desafios que a IA pode trazer.

Currículos Escolares:

Uma das formas mais eficazes de integrar o ensino de IA na sociedade é incluir tópicos relacionados à tecnologia nos currículos escolares desde cedo. Introduzir o conceito de IA para estudantes do ensino fundamental e médio pode ajudá-los a desenvolver uma compreensão sólida sobre como essa tecnologia funciona e como ela afeta suas vidas. Isso pode incluir uma variedade de tópicos, desde conceitos básicos de lógica e pensamento computacional até o ensino de linguagens de programação e a criação de pequenos projetos de IA.

Além do ensino técnico, é crucial que as discussões éticas façam parte do currículo. Os alunos devem ser incentivados a refletir sobre o impacto da IA na sociedade, questionando como a tecnologia pode influenciar decisões e comportamentos, além de explorar os dilemas morais envolvidos no uso de sistemas de IA em áreas como segurança, justiça e saúde. Ao abordar desde cedo a responsabilidade ética, os estudantes poderão se tornar cidadãos mais críticos e conscientes no uso e desenvolvimento de tecnologias de IA no futuro.

Um exemplo prático seria incluir módulos de ética tecnológica, onde os alunos discutam casos reais de viés em algoritmos, uso indevido de dados e a importância de garantir que a IA seja inclusiva e justa. Esse tipo de abordagem holística permitirá que os estudantes compreendam que a IA não é uma solução mágica e neutra, mas uma ferramenta que deve ser usada com responsabilidade e discernimento.

Cursos e Workshops:

Universidades e instituições de ensino superior desempenham um papel central na formação de futuros desenvolvedores e especialistas em IA. A oferta de cursos e workshops dedicados à inteligência artificial, tanto em seus aspectos técnicos quanto éticos, é essencial para preparar profissionais capacitados e responsáveis. Esses cursos podem variar desde disciplinas avançadas de ciência da computação e engenharia de software até programas interdisciplinares que integrem IA com áreas como direito, filosofia, psicologia e ética.

Além dos cursos tradicionais, workshops práticos podem ajudar a aproximar a teoria da prática. Esses workshops podem incluir a criação de modelos de IA, o desenvolvimento de projetos inovadores e a aplicação da IA em diferentes setores, como saúde, transporte, agricultura e finanças. Ao fazer isso, os alunos terão a oportunidade de explorar como a IA pode resolver problemas reais, ao mesmo tempo em que aprendem a lidar com as limitações e desafios éticos da tecnologia.

Por exemplo, universidades podem criar workshops voltados para o desenvolvimento de soluções de IA voltadas para o bem social, como sistemas que ajudam a monitorar a saúde de comunidades vulneráveis ou algoritmos que promovem uma distribuição mais equitativa de recursos em áreas carentes. Ao mesmo tempo, é crucial que esses workshops abordem os riscos envolvidos, como o uso indevido de dados sensíveis e a perpetuação de vieses nos sistemas.

Importância da Alfabetização Digital

Em um mundo onde a IA e outras tecnologias digitais desempenham um papel central, a alfabetização digital se torna uma habilidade indispensável para todas as pessoas, independentemente de sua idade ou área de atuação.

Alfabetização digital vai além de simplesmente saber como usar um computador ou um smartphone; ela envolve a capacidade de compreender como as tecnologias digitais, incluindo a IA, funcionam, e como interagir com elas de maneira crítica e segura.

A alfabetização digital também inclui o desenvolvimento de competências para proteger os dados pessoais, navegar com segurança na internet e tomar decisões ao interagir com sistemas digitais.

Para que as pessoas possam se beneficiar plenamente das vantagens que a IA pode oferecer, é vital que sejam educadas sobre os riscos associados ao uso dessas tecnologias, como a invasão de privacidade, o uso inadequado de dados e as ameaças cibernéticas.

Pensamento Crítico:

Uma das habilidades mais importantes a ser desenvolvida no processo de alfabetização digital é o pensamento crítico. Em um mundo inundado por informações, muitas vezes filtradas por algoritmos, é essencial que as pessoas sejam capazes de questionar a precisão, a imparcialidade e a confiabilidade das informações que consomem.

Algoritmos de IA frequentemente determinam quais notícias e informações aparecem em nossas redes sociais e motores de busca, moldando nossa percepção do mundo.

Ensinar o pensamento crítico capacita os alunos a questionar o conteúdo gerado por IA, a identificar possíveis vieses nos sistemas e a compreender que nem todas as informações disponíveis na internet são confiáveis. Isso também inclui a habilidade de discernir entre fatos e opiniões, reconhecer fake news e compreender como a IA pode ser usada para manipular a opinião pública. Uma educação que estimula o pensamento crítico pode ajudar a formar cidadãos mais bem preparados para lidar com os desafios de um mundo cada vez mais dominado por algoritmos.

Segurança Online:

Outro aspecto vital da educação sobre IA é a segurança online. Em um mundo digital, onde cada vez mais interações ocorrem online e dados pessoais são compartilhados em larga escala, é essencial que as pessoas compreendam os riscos associados à sua presença digital.

A educação em segurança online deve abordar questões como o uso seguro de senhas, a proteção de dados sensíveis, a compreensão dos termos de serviço das plataformas digitais e a conscientização sobre os riscos de ataques cibernéticos, como phishing (fraude) e ransomware (sequestro de dados).

Além disso, os alunos devem ser ensinados sobre os potenciais perigos da IA na segurança digital.

Algoritmos de IA podem ser usados para realizar ataques sofisticados, como criar deepfakes ou fraudes financeiras altamente complexas.

A conscientização sobre essas ameaças, bem como sobre as ferramentas disponíveis para proteger seus dados e identidade, é fundamental para garantir uma interação segura com as tecnologias de IA.

A educação sobre inteligência artificial e alfabetização digital não deve ser uma questão restrita a especialistas em tecnologia. Ela é uma necessidade para todos, desde os jovens estudantes até os profissionais em todas as áreas, pois a IA impacta diretamente nossas vidas diárias. A compreensão de como a IA funciona, de suas implicações éticas e sociais, e do que podemos fazer para interagir com ela de forma responsável, é a chave para garantir que a tecnologia seja uma força positiva na sociedade.

Ao promover uma educação ampla e inclusiva, baseada no pensamento crítico e na conscientização sobre segurança digital, estaremos preparando as futuras gerações para navegar em um mundo movido por IA, de maneira informada e ética.

CAPITULO 9

Reflexões Finais

AI
AI

Responsabilidades no Desenvolvimento de IA

A inteligência artificial (IA) se tornou uma das inovações mais transformadoras do nosso tempo. Seu impacto se faz sentir em praticamente todas as áreas da vida humana: desde a saúde e educação até o entretenimento e as relações sociais. Mas enquanto a IA avança em sua capacidade de processar informações e automatizar tarefas, uma questão permanece: pode a IA substituir a criatividade humana? Além disso, com seu poder crescente, surgem importantes responsabilidades éticas que precisam ser consideradas por aqueles que desenvolvem e utilizam essas tecnologias.

A criatividade humana é o que nos permite imaginar o novo, transcender o presente e moldar o futuro. Desde as obras de arte mais comoventes até as inovações científicas mais revolucionárias, a criatividade é uma manifestação da nossa capacidade de pensar além das limitações impostas pela realidade.

A IA, embora extremamente poderosa em tarefas que envolvem análise de grandes volumes de dados e reconhecimento de padrões, ainda luta para captar a essência da criatividade humana. Por exemplo, no campo da literatura, romances como *Cem Anos de Solidão*, de Gabriel García Márquez, não são apenas histórias bem contadas. São teias intricadas de experiências humanas, emoções e vivências culturais, algo que a IA, por mais avançada que seja, não consegue replicar com precisão. A habilidade de um autor de captar nuances culturais, psicológicas e emocionais vai além da simples combinação de palavras.

IA como Assistente Criativo

Embora a IA enfrente desafios na geração de criatividade genuína, ela pode ser uma ferramenta poderosa para potencializar o processo criativo humano. Ferramentas de design e música assistidas por IA permitem que artistas explorem novas possibilidades criativas, auxiliando-os em tarefas repetitivas ou oferecendo sugestões inovadoras.

Estudo de Caso: IA e a Criação Literária

Em 2016, a IA desenvolvida por pesquisadores japoneses escreveu um conto curto que chegou às semifinais de um concurso literário. O conto foi elogiado pela sua estrutura, mas críticos apontaram que, embora tecnicamente correto, faltava à narrativa a profundidade emocional que caracteriza a literatura humana. O conto, ainda que funcional, não conseguiu criar uma verdadeira conexão com os leitores. Esse estudo de caso demonstra as limitações da IA no campo da criatividade literária.

Criatividade Emocional: Arte e Música

Um aspecto vital da criatividade humana é a capacidade de expressar emoções. Artistas e músicos transmitem suas próprias experiências de vida por meio de suas obras, refletindo alegrias, dores, esperanças e angústias. A arte muitas vezes é uma janela para a alma humana, algo que a IA não possui.

Na música, por exemplo, Beethoven compôs sua Nona Sinfonia quando já estava completamente surdo. O que motivou essa composição? Não foram apenas padrões harmônicos, mas a emoção de superar a adversidade, o desejo de comunicar algo transcendente. IA, embora capaz de compor músicas, carece dessa dimensão emocional.

Exemplo: **A IA e a Música**

Em 2019, a plataforma de IA Aiva (Artificial Intelligence Virtual Artist) foi reconhecida como uma compositora de música clássica. Aiva é capaz de compor peças complexas, inspiradas nas obras de grandes mestres, como Bach e Beethoven. No entanto, a música gerada, embora impressionante do ponto de vista técnico, ainda carece da profundidade emocional que caracteriza a música composta por seres humanos.

Exemplo: **IA no Cinema**

A indústria cinematográfica já está utilizando IA para ajudar roteiristas a explorar novas ideias. O algoritmo "ScriptBook", por exemplo, analisa roteiros e prevê suas chances de sucesso comercial. Embora o algoritmo não substitua o talento do roteirista, ele oferece insights valiosos que podem ajudar na tomada de decisões durante a criação de um filme.

IA como ferramenta, não substituto

A IA deve ser vista como uma extensão do poder criativo humano, uma ferramenta que pode expandir as possibilidades, mas nunca substituir completamente a capacidade humana de criar algo novo e significativo.

Responsabilidades no Desenvolvimento de IA

Com a crescente influência da IA em todas as áreas da vida, surge uma questão crucial: quem é responsável pelos impactos dessa tecnologia? Desenvolver e implementar IA não é apenas uma questão de inovação técnica; envolve decisões morais, éticas e sociais que podem ter consequências profundas. O poder da IA é vasto, e com esse poder vêm responsabilidades igualmente grandes.

No campo da saúde, como já mencionei, IA já está sendo utilizada para diagnosticar doenças de forma mais rápida e eficiente. Porém, o uso de IA para tomadas de decisão clínicas levanta questões éticas: como podemos garantir que os dados usados para treinar essas IAs sejam precisos e imparciais? Como podemos evitar erros que possam custar vidas?

Estudo de Caso: IBM Watson na Saúde

O sistema de IA Watson, da IBM, foi projetado para ajudar médicos a diagnosticar e tratar câncer. No entanto, em 2018, um estudo revelou que Watson recomendou tratamentos incorretos em vários casos devido a dados incompletos. O caso levantou preocupações sobre a confiabilidade da IA em áreas onde erros podem ter consequências fatais. Isso ressalta a necessidade de garantir que os sistemas de IA sejam cuidadosamente supervisionados por seres humanos e que suas decisões possam ser verificadas.

Transparência: A Chave para a Confiança em IA

Transparência é uma das principais responsabilidades dos desenvolvedores de IA. As pessoas precisam saber como os sistemas de IA tomam decisões e como seus dados estão sendo usados. Isso não só garante a confiança no sistema, mas também permite que os usuários entendam os limites da IA e saibam quando ela pode errar. Nos últimos anos, sistemas de IA como o algoritmo de recomendação do YouTube e o algoritmo de notícias do Facebook têm sido criticados por promoverem desinformação e polarização. Esses algoritmos são, em grande parte, caixas pretas: o público não sabe como eles funcionam ou por que promovem certos conteúdos em vez de outros.

Exemplo: **A Transparência do Algoritmo da Uber**

A Uber foi criticada por sua falta de transparência em relação aos motoristas. A IA que calcula tarifas e distribui viagens é opaca para os próprios motoristas, o que gerou descontentamento e protestos. A Uber respondeu implementando mais transparência em seus processos, permitindo que os motoristas compreendam melhor como o sistema opera.

Inclusão: Garantir que a IA Seja Justa para Todos

A IA só será verdadeiramente útil se for inclusiva e representar a diversidade da experiência humana. Um dos maiores desafios enfrentados pelos desenvolvedores de IA é garantir que os dados usados para treinar seus sistemas sejam imparciais e inclusivos. Muitas vezes, a IA reproduz preconceitos existentes, perpetuando desigualdades.

Sistemas de reconhecimento facial foram amplamente criticados por sua incapacidade de identificar com precisão pessoas de pele mais escura. Isso ocorre porque a maioria dos sistemas de IA é treinada em dados que representam predominantemente pessoas brancas. Esses sistemas, quando usados por forças policiais, podem levar à prisão injusta de pessoas inocentes, exacerbando problemas de discriminação racial.

Exemplo: **Preconceito no Reconhecimento Facial**

Em 2020, o sistema de reconhecimento facial da "Clearview AI" foi exposto por sua incapacidade de identificar corretamente indivíduos de minorias étnicas. Várias pesquisas demonstraram que esses sistemas apresentam taxas de erro significativamente mais altas para pessoas de pele escura e mulheres.

Segurança e Privacidade no Uso de IA

Com o uso crescente de IA em diferentes setores, a quantidade de dados pessoais processados aumentou exponencialmente. Isso levanta questões sobre a privacidade dos dados e a segurança dos sistemas de IA. A proteção desses dados deve ser uma prioridade para os desenvolvedores, garantindo que os sistemas estejam equipados com as mais recentes defesas cibernéticas e que os dados pessoais dos usuários estejam seguros contra ataques.

Estudo de Caso: **O Escândalo do Cambridge Analytica**

O caso do "Cambridge Analytica" exemplifica os perigos de não proteger adequadamente os dados pessoais. A empresa utilizou dados de milhões de usuários do Facebook para manipular campanhas políticas. A IA foi usada para criar perfis psicológicos dos usuários, permitindo que campanhas políticas segmentassem anúncios personalizados de maneira eficaz, influenciando o comportamento eleitoral.

Regulamentação Global da IA: Um Desafio Contemporâneo

A IA transcende fronteiras, o que significa que sua regulamentação deve ser uma questão global. Enquanto alguns países estão à frente na regulamentação da IA, como a União Europeia com sua proposta de regulamentação abrangente, muitos outros ainda estão desenvolvendo suas próprias políticas. A cooperação internacional será essencial para garantir que a IA seja usada de maneira ética e segura em todo o mundo.

Exemplo:

A Proposta de Regulamentação de IA da União Européia

A União Europeia propôs, em 2021, um regulamento que visa criar padrões rigorosos para o uso de IA, especialmente em áreas sensíveis como saúde, educação e aplicação da lei. A proposta inclui a criação de um sistema de auditoria para garantir que os sistemas de IA estejam em conformidade com as regras estabelecidas.

Conclusão

Devemos sempre lembrar que, por mais avançada que a IA se torne, ela nunca substituirá a essência da criatividade e das relações humanas.

A IA deve ser uma ferramenta que complementa nossas vidas, ampliando nossas capacidades e nos ajudando a resolver problemas complexos, mas nunca substituindo nossa humanidade.

Estimativas aproximadas sugerem que as IAs mais avançadas operam em torno de 1% a 10% da capacidade total do cérebro humano. Isso porque o cérebro humano possui cerca de 86 bilhões de neurônios interconectados, enquanto as redes neurais artificiais ainda estão em uma fase relativamente inicial de desenvolvimento.

Essa disparidade se reflete não apenas na quantidade de "neurônios" ou parâmetros que uma IA pode processar, mas também na flexibilidade, eficiência energética e capacidade de raciocínio abstrato, criatividade, e aprendizagem autônoma que o cérebro humano possui.

O desenvolvimento da IA carrega consigo responsabilidades éticas que não podem ser ignoradas. Garantir que a ela seja inclusiva, transparente e segura é crucial para garantir que seu impacto na sociedade seja positivo.

O futuro da IA depende não apenas da tecnologia, mas das escolhas que fazemos hoje em relação ao seu desenvolvimento e uso.

Bibliografia

Referências Bibliográficas

Almeida, M. I. R., & Duarte, R. A. (2019). Inteligência Artificial e Direito: Desafios Éticos e Jurídicos. São Paulo: Editora Thomson Reuters Brasil.

Avila, S. (2023). Desvendando a Inteligência Artificial: Criação e Aplicações. Campinas: Editora da Unicamp.

Bostrom, N. (2014). Superintelligence: Paths, Dangers, Strategies. Oxford: Oxford University Press.

Caprra, R. (2021). Dados Demais! Inteligência Artificial e o Futuro da Economia Baseada em Dados. 1. ed. São Paulo: Editora XYZ.

Cozman, F. G., & Costa, A. H. R. (2020). Inteligência Artificial: Fundamentos e Aplicações. 2. ed. Rio de Janeiro: Editora Universitária ABC.

European Commission. (2021). Proposal for a Regulation on a European Approach for Artificial Intelligence.

Garcia, R. V. (2020). Tecnologia e Direito: Inteligência Artificial e sua Aplicação no Judiciário Brasileiro. Brasília: Editora Fórum.

Goodfellow, I., Bengio, Y., & Courville, A. (2016). Deep Learning. Cambridge, MA: MIT Press.

Meira, S., & Pimenta, M. (2019). Inovação em Modelos de Negócios com Inteligência Artificial. Porto Alegre: Bookman.

Mitchell, T. (1997). Machine Learning. New York, NY: McGraw-Hill Education.

O'Reilly, T. (2017). WTF?: What's the Future and Why It's Up to Us. New York, NY: Harper Business.

Prestes, E. (2022). Inteligência Artificial: Uma Abordagem de Aprendizado de Máquina. São Paulo: Editora LTC.

Russell, S., & Norvig, P. (2010). Artificial Intelligence: A Modern Approach. Upper Saddle River, NJ: Prentice Hall.

Souza, C. R. (2018). Aprendizado de Máquina com Python. São Paulo: Novatec Editora.

Turing, A. M. (1950). Computing Machinery and Intelligence. Mind, 59(236), 433–460.

Viana, J. (2022). Os Robôs Vão Roubar Seu Emprego, mas Tudo Bem: Como Sobreviver ao Futuro do Trabalho. Belo Horizonte: Autêntica.

Zuboff, S. (2019). The Age of Surveillance Capitalism: The Fight for a Human Future at the New Frontier of Power. New York, NY: PublicAffairs.

Referenciamento deste Livro

Mello, A. M. (2024). Inteligência Artificial: O que é, como funciona e o que nos reserva o futuro. Rio de Janeiro: Editora Full House Movement.

FULL
HOUSE
MOVEMENT
Movimento CASA CHEIA

www.ingramcontent.com/pod-product-compliance
Ingram Content Group UK Ltd.
Pitfield, Milton Keynes, MK11 3LW, UK
UKHW021955190726
13853UKWH00004B/1559